O RESGATE DA CULTURA DA LEALDADE

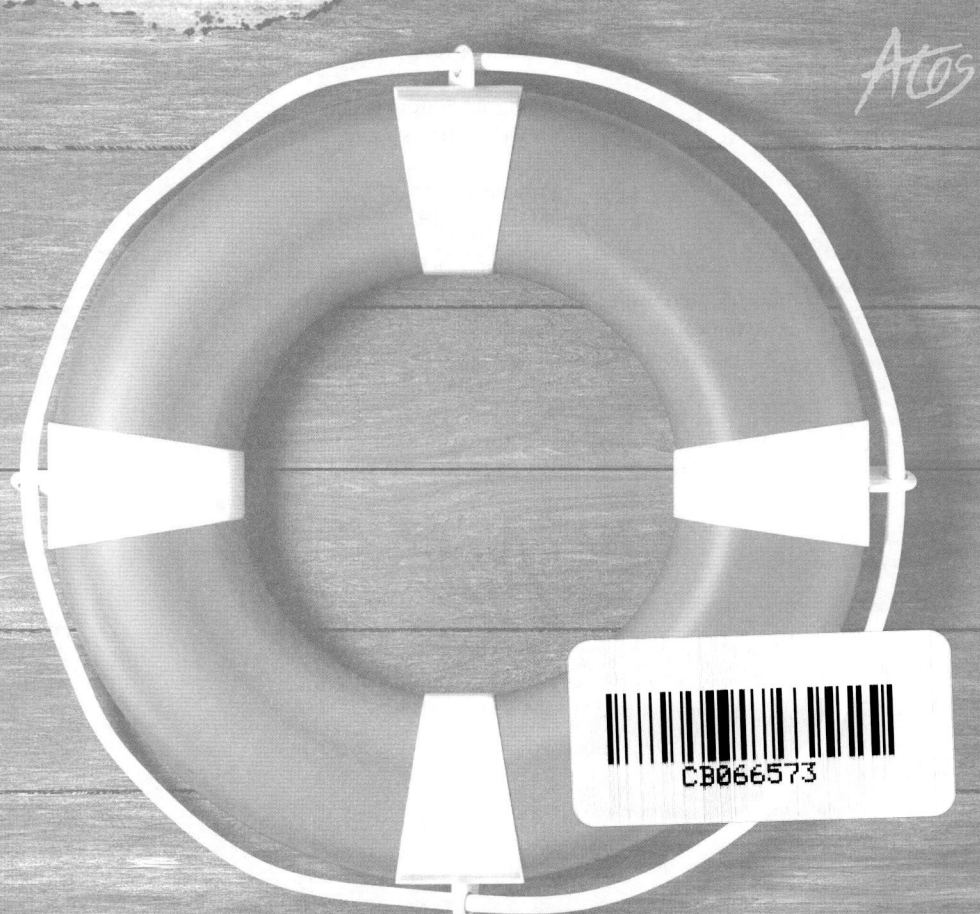

BOB SORGE

SORGE, Bob
    O Resgate da Cultura da Lealdade / Bob Sorge; [tradução de Dayse Marluce Vieira Fontoura]. Curitiba, PR : Editora Atos, 2014.

208 p.
Tradução de: *Loyalty – The reach of the noble heart.*
ISBN: 978-85-7607-155-6

1. Casuística moral cristã   I. Título.

CDD: 240

Copyright© by Bob Sorge
Copyright©2014 por Editora Atos
Todos os direitos reservados

Coordenação Editorial
Manoel Menezes

Primeira edição
Maio de 2014

Nenhuma parte deste livro pode ser reproduzida, arquivada ou transmitida por qualquer meio – eletrônico, mecânico, fotocópias, etc. – sem a devida permissão dos editores, podendo ser usada apenas para citações breves.

Publicado com a devida autorização e com todos os direitos reservados pela EDITORA ATOS LTDA.

Atos

www.editoraatos.com.br

Índice

O que dizem sobre o livro 5
Agradecimentos 9
Introdução 11
    Dicas para o leitor 12

Parte Um
FIDELIDADE A DEUS 13
Capítulo 1 – A Busca Divina Por Fidelidade 15
Capítulo 2 – Honrando a Medida de Cristo 23
Capítulo 3 – O Que É Fidelidade? 29
Capítulo 4 – Qual É a Grande Importância da Fidelidade, Afinal?......... 37
Capítulo 5 – Satanás: o Provedor da Infidelidade 43
Capítulo 6 – Deus É um Grande Amigo 47
Capítulo 7 – Qualidade de Caráter que Deus Promove 51
Capítulo 8 – Lealdade e Amor 59
Capítulo 9 – A Fidelidade a Deus será Provada 63

Parte Dois
LEALDADE AOS DAVIS DE DEUS 73
Capítulo 10 – Enfrentando os Gigantes Culturais 75
Capítulo 11 – Caricaturas da Fidelidade 81
Capítulo 12 – Fidelidade Pessoal versus Fidelidade Institucional......... 89
Capítulo 13 – Um Espírito Fiel 95
Capítulo 14 – Lealdade às Autoridades 101
Capítulo 15 – Os Fundamentos da Fidelidade 109
Capítulo 16 – Compromisso versus Fidelidade 123

Capítulo 17 – As Recompensas da Fidelidade 129

Capítulo 18 – A Fidelidade a Davi será Testada 139

Parte Três
O ESPECTRO DA DESLEALDADE 149

Capítulo 19 – O Que É Infidelidade? 151

Capítulo 20 – As Sementes da Infidelidade 163

Capítulo 21 – Como Evitar a Traição 165

Capítulo 22 – Como Devemos Responder à Traição 167

Parte Quatro
CORAÇÕES DOS PAIS CONVERTIDOS AOS FILHOS 173

Capítulo 23 – Honrando a Medida do Pai 175

Capítulo 24 – Investindo nos Filhos Verdadeiros 183

Capítulo 25 – O Espírito de Elias 189

Capítulo 26 – A Lealdade e os Últimos Dias 197

Apêndice
A História de Davi e Absalão 203

O que dizem sobre o livro

Ainda que possamos comemorar curas e milagres, o cerne da construção de igrejas fortes que transformem a sociedade requer a recuperação da fidelidade. Estou pessoalmente convencido de que ela é um valor central que não pode ser colocado de lado, ignorado ou descartado se quisermos ver a liberação genuína da autoridade apostólica na Terra e a maior colheita que a igreja e o mundo jamais testemunharam. Sei, com certeza, que haverá um Coré que se levantara contra nós, um Absalão que nós mesmos criamos e que nos ferirá profundamente, um Judas que nos trairá, e até mesmo um Pedro que nos negará. Ah, sim! E um Pilatos para nos crucificar em um momento crítico. Nossa capacidade de admitir esses momentos como oportunidades de crescimento é valiosa.

    Bob nos leva a uma peregrinação espiritual e nos convida a examinar as promessas de um amor fiel e os perigos de se violá-lo. Sua percepção profética perspicaz sobre a rebelião de Lúcifer e a resposta do Pai em uma eternidade passada é por si só um bom motivo para a leitura da obra. A mensagem deste livro é de valor atemporal, e relevante para o nosso tempo. Não podemos ignorar o que esse professor-profeta no Corpo de Cristo tem para nos dizer nas páginas seguintes. Que essa dissertação possa encontrar ampla exposição entre líderes e seguidores e que possa dar frutos que serão evidenciados em nossa trabalhosa relação de aliança com Deus e uns com os outros.

Mark G. Chironna, PhD
Pastor, The Master's Touch International Church
Orlando, Florida

    A infidelidade na igreja causa mais prejuízo à obra de Deus do que todos os demônios do inferno. Mesmo assim não ouvimos muito sobre ela. Neste livro, *"O Resgate da Cultura da Lealdade"*, Bob Sorge enfrenta esses problemas de frente em uma cuidadosa exposição da vida de Davi. Todos os cristãos deveriam lê-lo cuidadosamente e os líderes precisam examiná-lo em oração. A fidelidade é fundamental e básica. Sem ela há pouca esperança de continuidade e perpetuação do que Deus está fazendo em Sua igreja. A lei-

tura deste livro deveria ser exigida antes que uma pessoa fosse ordenada ao ministério cristão.
Judson Cornwall
Autor e professor
Phoenix, Arizona

Atualmente dois fatores confrontam os pensadores cristãos: (1) vivemos no final da era terrestre e (2) os "dignos" e "nobres" são cada vez menos valorizados. Se há uma virtude que pode trazer e sustentar uma substância e relevância através das nossas vidas — "aquilo" que sempre faz diferença para o bem e para Deus no mundo — é a fidelidade. Bob Sorge explorou esse conceito e sua verdade para nós, e expõe-nos a riqueza de sua dignidade. Oro para que toda uma geração de cristãos possa ser moldada pelos valores substanciosos e de vida e poder que são estimulados através deste livro.
Jack W. Hayford
Pastor, The Church On the Way
Presidente, The King's University
Van Nuys, California

Uau! Que livro! Que mensagem! Que convicção! *"O Resgate da Cultura da Lealdade"* é uma mensagem singular, importante e oportuna para todos os líderes e servos de Deus. Bob traz, direto do lugar secreto na presença de Deus, uma das verdades mais poderosas e libertadoras que já ouvi.

Essa mensagem do que é a Lealdade e a Deslealdade Bíblica é um assunto quase inexistente no Corpo de Cristo. Quando foi a última vez que você leu algo sobre a lealdade bíblica? Como consequência, muitos líderes cristãos ficaram incapacitados pela traição e infidelidade. E por causa dessa doença debilitante na liderança, o corpo também é afetado. Mas a boa notícia é que a cura está a caminho. Esse livro o desafiará a dar um passo além da dor da traição e em direção a uma vereda de cura e transformação espiritual. Você está pronto para iniciar uma jornada transformadora? Leia, pois a cura já vem chegando.
Sam Hinn
Pastor, The Gathering Place Worship Center
Lake Mary, Florida

Como vivemos os últimos tempos, somos admoestados de que haverá pessoas que quebram alianças — o contrário de fiéis. Bob Sorge se apegou ao espírito da fidelidade, que opera a partir do amor. Esse livro deveria ser um manual nas igrejas para incentivar a verdadeira unidade espiritual através da lealdade a uma pessoa.

Paul Johannson
Presidente, Elim Bible Institute
Lima, New York

O livro do Bob Sorge: *"O Resgate da Cultura da Lealdade"* me instiga porque Bob é um amigo que me instiga. Sou provocado porque ele vive o que prega, e pratica o que escreve. Ele é fiel a amigos mais fracos, pois conhece a bondade de Deus em suas próprias fraquezas. É fiel a amigos de grande influência, porque está seguro sobre aquilo que Deus lhe deu para essa vida. É leal ao Senhor por saber que Jesus é sua única esperança de força e coragem em um tempo de espera por libertação. Você vai querer ler este livro, pois o homem e a mensagem são os mesmos, e é um privilégio ser instruído por alguém como ele.

Gary Wiens
Burning Heart Ministries & The International House of Prayer
Kansas City, Missouri

Agradecimentos

Escrever este livro foi um trabalho de equipe. Eu tive um pequeno exército de amigos que me deram um *feedback* muito útil. Meus sinceros agradecimentos à minha esposa, Marci; aos meus pais Arvin & Irma Sorge; ao meu irmão Sheldon e à sua esposa, Tammy; David Oaks; Lee Simmons; Paul Johannson; David Edwards; Jeff Ell; Jeff James; Mike Bickle; Ed Chinn; Pat Prior; Sylvia Evans; Sue Curran and Phil Stern. Suas contribuições foram valiosas!

Obrigado, Eddie e Kevin, por sua ajuda editorial.

Acima de tudo, obrigado Jesus por Tua fidelidade a nós!

Introdução

Quando foi a última vez que você leu um livro sobre fidelidade? Não há muitos por aí. Por que o assunto é aparentemente evitado? Pode ser porque aqueles que são mais qualificados para falar sobre ele poderiam passar uma ideia egocêntrica se o fizessem.

Não é coincidência que o Senhor tenha me despertado a escrever este livro em um tempo em que não estou pastoreando uma igreja ou liderando nenhuma equipe ministerial. Meu motivo ao escrevê-lo, portanto, é simplesmente servir a outros ministérios no Corpo de Cristo e enaltecer a magnificência desta virtude maravilhosa.

Esta obra não é primariamente uma exortação sobre o sofrimento que pode experimentar ao dar seu coração à pessoa errada. Obviamente precisamos de discernimento sobre a quem ser fiel e me esforçarei para advertir sobre os perigos inerentes. No entanto, a primeira investida deste livro será positiva. *Nossa principal premissa é de que a fidelidade é uma pérola preciosa que merece ser intencionalmente buscada e cultivada.*

Ela deve ser um dos mais mal compreendidos princípios bíblicos na igreja atual, desta forma temos muitas questões a explorar, tais como: O que é fidelidade e por que devemos valorizá-la? Como podemos ter certeza de que é seguro entregar nosso coração a um líder? Como um líder pode se demonstrar digno de ser seguido? Como podemos nos precaver da infidelidade?

Este livro é uma chamada à fidelidade bíblica — primeiramente a Deus e depois aos Davis de Deus. Davis são aqueles líderes — homens ou mulheres — que como Davi têm um coração puro para buscar a Jesus Cristo e Seu Reino sem se importar com a fama pessoal ou com lucro pessoal. Eles compartilham a paixão por "uma coisa" com esse rei, conforme o Salmo 27:4: "Uma coisa pedi ao Senhor e a buscarei: que possa morar na casa do Senhor todos os dias da minha vida, para contemplar a formosura do Senhor e aprender no seu templo". Já que não têm uma agenda egocêntrica ou ambiciosa, eles pastoreiam o rebanho de Deus em fidelidade.

Dicas para o leitor

Davi é reconhecido nas Escrituras como o principal exemplo (depois de Cristo) de um líder servo a quem Deus é fiel e para com quem o Senhor espera que sejam fiéis. E por causa dos detalhes dados à sua história que Absalão, filho de Davi, é o principal exemplo de infidelidade (competindo de perto com Judas). Portanto, farei repetidas referências à história de Davi/Absalão. Se já faz um tempo desde que você leu a história de Absalão pela última vez recomendo-lhe que leia o Apêndice agora, que é um breve resumo da traição deste jovem. Refresque a memória sobre esse relato, para que este livro faça mais sentido para você.

Minha menção de "pais" não pretende se prender a um gênero sexual, estou meramente usando a linguagem de Malaquias 4:6 que fala de Deus convertendo os corações dos pais aos filhos. Assim sendo, os princípios desta obra são relevantes tantos aos pais como às mães, bem como a filhos e filhas.

Use o livro como um trampolim para o diálogo com sua equipe de liderança. As questões para discussão depois de cada capítulo foram desenvolvidas para ajudar aos membros da sua equipe a ouvirem o coração uns dos outros. O propósito é promover a unidade nas equipes ministeriais e de negócios. Minha oração é que os membros ganhem uma paixão pela fidelidade aos Davis de Deus de sua equipe, e que os líderes de Deus sejam inspirados a ser como aquele rei a quem era seguro serem fiéis. À medida que você se aproxima desse assunto em oração, que o Espírito Santo ilumine os olhos do seu entendimento para o poder dessa virtude gloriosa e suas implicações para o futuro da sua equipe.

Parte Um

FIDELIDADE A DEUS

Nossa discussão precisa começar com Deus, o Originador e Fonte de todas as coisas. Deus é fiel, então a fidelidade pertence a Deus. Seu coração fiel é o que nos dá poder para sermos fiéis a Ele.

Capítulo 1

A Busca Divina Por Fidelidade

Quando Deus esquadrinha o cenário da humanidade, há uma qualidade característica que Ele procura acima de todas as outras:

Porque, quanto ao Senhor, os seus olhos passam por toda a terra, para mostrar-se forte para com aqueles cujo coração é íntegro para com ele (2 Crônicas 16:9).

    Esse versículo descreve uma busca rápida e intensa. *A caçada começou e o objeto da busca divina é a fidelidade.* No sistema de valores divino, a fidelidade é estimada como uma *commodity* de grande valor[1]. Ela é tão valiosa para o Senhor que, de acordo com as Escrituras, Ele revelará o poder da Sua mão direita àquele que a possuir.

    Deus disse a Ezequiel: "Busquei dentre eles um homem" (Ezequiel 22:30). Ele sempre está à procura, e sua procura é por um homem ou mulher fiel. Quando encontra um Noé, pode enviar um dilúvio. Quando encontra um José, o Senhor pode dar a faraó um sonho. Quando tem um Elias, pode virar uma nação do avesso. Quando tem Jesus de Nazaré, pode salvar o mundo. Deus sempre busca por fidelidade, porque quando encontra um coração fiel, pode fazer grandes coisas na Terra.

    O Senhor quer uma grande família cujo coração esteja todo convertido a Ele em adoração fiel. Ele trabalha para "trazer muitos filhos à glória" (Hebreus 2:10). Quer muitos filhos que sejam como Jesus — verdadeiramente fiéis até a morte. E Ele escolheu você para ser parte dessa família!

---

1   Veja 1 Crônicas 28:9 e 1 Reis 8:61

Deus procura por fidelidade porque Ele é um Deus de qualidade. É um atributo divino que pulsa no cerne da eterna Trindade, definindo a personalidade divina. Ninguém é fiel como Ele.

A Fidelidade na Trindade

O Pai é radicalmente leal ao Filho. Em duas ocasiões Ele literalmente trovejou dos céus: "Este é meu Filho Amado, em quem me comprazo"[2]. Deus foi fiel a Moisés e aos profetas, mas agora seu Filho unigênito estava vivendo na terra, e o Pai queria deixar bem claro que Sua fidelidade ao Filho superava a todas as outras.

Deus Pai está determinado a que toda criação se curve em adoração diante do Filho. O nome de Cristo será exaltado acima de todo o nome[3]. O Filho ainda não foi isentado da culpa. Seu nome ainda é alvo de maldição e reprovação pelos pecadores. Mas tudo isso vai mudar. Espere e verá — vem o dia em que a reputação do Filho ficará limpa e Ele será mais exaltado que todos. A fidelidade do Pai garante isso.

Ele é tão fiel a Jesus que, se alguém tentar se aproximar dEle através de um caminho diferente, Deus se recusará a ser achado. "*Em nenhum outro há salvação, porque também debaixo do céu nenhum outro nome há, dado entre os homens, em que devamos ser salvos*" (Atos 4:12).

Alguém que esteja buscando a salvação pode se perguntar: "Mas por que não podemos encontrá-la em Maomé ou Confúcio, ou outro homem bom?" A resposta está ligada à fidelidade de Deus. Ele é fiel de forma bem singular ao Filho que enviou ao mundo e rejeita definitivamente qualquer outro projeto de salvador. *O Pai é tão fiel a seu Filho único que se ofende grandemente quando as pessoas desprezam a Pessoa do seu Rei escolhido.*

Jesus é igualmente fiel ao Pai e o demonstrou quando disse: "faço sempre o que lhe agrada"[4]. Tudo o que Cristo fez na Terra foi expressão da Sua fidelidade a Deus, pois desejava que o Pai fosse glorificado em tudo o que Ele fazia[5]. *A maior demonstração dessa fidelidade foi quando Ele morreu na cruz — tudo para cumprir o plano do Pai.*

O Espírito Santo também é profundamente fiel, ao que Jesus se referiu quando falou sobre o Espírito: "*Ele me glorificará, porque há de receber do que é meu, e anunciará a vós*" (João 16:14). Cristo não tinha receio nenhum de

---
[2] Mateus 3:17 e 17:5
[3] Filipenses 2:9-11
[4] João 8:29
[5] João 17:14

passar o bastão ao Espírito Santo porque Ele sabia da sua infinita fidelidade. Cada vez que pregamos sobre a grandeza de Jesus, podemos saber que o Espírito estará presente, sem falha, para confirmar a mensagem com poder para condenar.

A fidelidade do Pai, do Filho e do Espírito Santo — um Deus, três Pessoas — é nosso modelo para a verdadeira fidelidade.

Buscando Ser Como Deus

As Escrituras nos imploram: "Busque... a piedade"[6]. A piedade é simplesmente a qualidade de ser como Deus. Já que Deus é fiel, o piedoso irá buscar a fidelidade.

Um espírito fiel é uma qualidade da piedade que é buscada e concedida. Lutamos por ela e ainda assim reconhecemos que vem de Deus. Davi reconheceu isso quando orou: "Dá a Salomão, meu filho, um coração íntegro para guardar os teus mandamentos, os teus testemunhos e os teus estatutos"[7]. A integridade é concedida ao coração pelo Espírito de Deus.

Deus nos concede um espírito íntegro para que possamos ser fiéis, primeiramente a Ele. Fidelidade a Deus é nosso primeiro e maior mandamento. Davi disse: "E tu, meu filho Salomão, conhece o Deus do teu pai e serve-o com um coração íntegro"[8]. Salomão, por sua vez, disse ao povo: "E seja o vosso coração perfeito para com o Senhor, nosso Deus, para andardes nos seus estatutos e guardardes os seus mandamentos"[9].

O Novo Testamento o coloca nos seguintes termos: "acheguemo-nos com *verdadeiro coração*, em inteira certeza de fé"[10]. Um "coração verdadeiro" é um coração que é fiel a Deus sem nenhuma sombra de duplicidade ou hipocrisia.

Se fôssemos colocados em circunstâncias em que teríamos que escolher entre ser fiel ao homem ou a Deus, não há dúvida sobre qual seria nossa decisão. "Pedro e os apóstolos, porém, responderam: Mais importa obedecer a Deus do que aos homens" (Atos 5:29). Deus sempre vem em primeiro lugar. Nossa fidelidade a Ele deve até superar nossa fidelidade aos membros de nossa família.[11]

---

6   1 Timóteo 6:11 e 1 Timóteo 4:7
7   1 Crônicas 29:19
8   1 Crônicas 28:9
9   1 Reis 8:61
10 Hebreus 10:22, ênfase acrescentada
11 Deuteronômio 13:6-9

Olhos Como os da Pomba

O que significa ser fiel a Deus? Significa três coisas para mim. Primeiramente, quer dizer dar a Ele meu decidido amor e nunca dividir minha afeição com outro qualquer. Estou casado com Ele[12], o que significa que entramos em uma relação de intimidade exclusiva.

O Senhor diz que temos "olhos como os da pomba"[13]. Essa verdade tomou mais sentido para mim depois de um evento vergonhoso. Eu dirigia pela estrada, certa vez, a 80 km por hora, e à distância pude ver um par de pombinhos caminhando para fora do caminho. Quando me aproximei deles pensei: "É melhor irem rápido. Eu não desvio de pássaros ou animais" (já ouvi sobre muitos acidentes em que o motorista desviou de um pássaro ou animal e acabou atingindo uma pessoa). Mas eles continuaram serpenteando para fora da pista. Quando finalmente me viram, era tarde. BAM! Eu os atingi a 80 km por hora. Olhando pelo retrovisor vi uma pluma de penas ondulando pelo ar atrás de mim. Enquanto me afastava, pensava: "Pássaros estúpidos. Deveriam ter se apressado".

Mais tarde aprendi que os pombos não têm visão periférica. Os pombinhos sequer perceberam que eu estava me aproximando!

Quando Jesus nos diz que temos olhos como das pombas, está dizendo: "Você só tem olhos para Mim. Sou tudo o que você pode ver. Sua cabeça não gira para outros amores. Sou seu único desejo". Essa afirmação só fortalece minha decisão. Eu contemplarei somente a Ele e não permitirei que meus olhos se desviem para outra afeição. Para mim isto é fidelidade.

Seu coração arde por somente uma Noiva; meu coração almeja retribuir com igual zelo de devoção exclusiva. Meu frágil coração pode não ser perfeito em fidelidade como o dEle, mas é isso que busco!

Fidelidade: Olhando Somente Para Deus

Assim, a primeira coisa que a fidelidade significa para mim é que eu reservo toda a afeição do meu coração somente para Ele. Em segundo lugar, quero dizer que olho para Ele como única fonte da minha salvação, libertação e ajuda.

Deus quer ser minha única Fonte. Essa verdade está no coração do nosso texto tema para o livro:

---

12 2 Coríntios 11:2
13 Cantares 1:15 e 4:1

Porque, quanto ao Senhor, os seus olhos passam por toda a terra, para mostrar-se forte para com aqueles cujo coração é íntegro[14] para com ele (2 Crônicas 16:9).

Vejamos a história por trás deste versículo. Quando Asa, rei de Jerusalém no Reino do Sul, Judá, era jovem e recentemente colocado como rei, um milhão de soldados da Etiópia se levantaram contra ele e invadiram a terra[15]. O rei hebreu era inexperiente na guerra e tremeu de medo diante daquela força tão poderosa. Então, clamou por ajuda a Deus. Em resposta o Senhor interveio e golpeou o exército etíope, dando a Asa a vitória. Agora o rei tinha sua própria história com Deus. Tinha visto o Senhor realizar o impossível a fim de libertá-lo.

Adiante o tempo em trinta anos. Asa era agora um veterano, experiente em administrar seu reino e em batalhas. Deus o havia abençoado, assim seu reino ficou significativamente mais forte do que quando ele assumiu o trono. Tinha acumulado riquezas, exército e equipamentos de guerra. Mais uma vez seu reino se viu sob ataque, mas desta vez o rei invasor era Baasa, rei de Samaria (Reino do Norte, Israel)[16]. O que ele faria desta vez? Iria clamar a Deus novamente, uma vez que já conhecia o poder libertador do Senhor? Ou iria confiar nos recursos que havia acumulado ao longo de trinta e seis anos?

Infelizmente, ele tomou uma decisão tola. Contratou o rei da Síria para atacar Baasa. Parecia um plano bem lógico já que agora ele possuía riquezas para comprar a ajuda dos sírios. E, olhando por cima, sua estratégia funcionou. Os sírios aceitaram o dinheiro e atacaram as forças de Baasa, levando este último a se retirarem de Judá. Mas, mesmo que Asa tenha conseguido o fim desejado, a forma como o atingiu não agradou ao Senhor.

Deus, então, enviou Hanani ao rei de Judá com as palavras que citamos acima: "Porque, quanto ao Senhor, os seus olhos passam por toda a terra, para mostrar-se forte para com aqueles cujo coração é íntegro para com ele; nisto, pois, procedeste loucamente, porque a partir de agora haverá guerras contra ti". O profeta está basicamente dizendo: "Deus está procurando por aqueles que irão olhar somente para Ele como fonte de livramento, ao invés de fontes humanas. Aqueles que confiam somente em Deus em vista de um sofrimento esmagador são vistos pelo Senhor como fiéis".

---

14 A palavra hebraica original que a Almeida Clássica traduz por "íntegro" — shalem — significa ser perfeito, completo, correto em um estado de completude e unidade.
15 2 Crônicas 14
16 2 Crônicas 16

Os problemas e as dificuldades trazem à tona onde repousa nossa lealdade. Em tempos de conflito espiritual, somos fiéis a Deus? E em tempos de conflitos humanos, somos fiéis a nossos amigos?

Se Asa tivesse permanecido fiel ao Senhor, ele teria experimentado a maravilhosa dimensão do poder divino ilimitado. A fidelidade precede o poder. Deus tinha vitórias em mente para Asa que iam além do que ele poderia imaginar, mas ele nunca as conheceu porque procurou ajuda em outro lugar.

Minha Posição Pessoal

Enquanto escrevo esse texto estou precisando pessoalmente do poder libertador de Deus. Preciso libertação, especificamente de uma aflição física. Minha fé é dirigida a Deus, assim como minha fidelidade. Em outras palavras: olharei somente para Ele até que Ele me salve.

Algumas vezes você pode conseguir o alívio por meios humanos. Sempre é arriscado quando você se volta para os recursos humanos, é claro, porque às vezes você acaba ficando pior do que quando inicialmente foi para eles. Na melhor das hipóteses as pessoas podem lhe dar um ligeiro alívio. Mas não podem salvá-lo. A salvação vem de uma única fonte. *"Em nenhum outro há salvação, porque também debaixo do céu nenhum outro nome há, dado entre os homens, em que devamos ser salvos"* (Atos 4:12).

Ou eu busco alívio por meios humanos, ou por salvação em meu Deus. Para mim, a resposta é clara. Meu coração está firme. Não quero só alívio; quero ver a grandiosa salvação do meu Senhor. Então, espero nEle, olhando com olhos como de pombas para Ele somente, até que Ele me envie o livramento do céu e me salve.

A Fidelidade É Pessoal

Você precisa conhecer a natureza intensamente pessoal da fidelidade. Deus é fiel ao Seu Filho amado por causa de quem o Filho é.

A fidelidade torna a jornada de uma pessoa com Deus uma questão muito pessoal: "Deus, isso tem tudo a ver com o Senhor e comigo. Confio em Ti. Manterei meus olhos em Ti. Ninguém pode me ajudar e nenhum homem pode me deter. Tu és minha única fonte. Agora estamos em aliança, Deus, e somos só Tu e eu".

Em sua juventude Davi viu seu destino como uma questão muito pessoal entre ele e seu Deus. Sua perspectiva era: "Saul não é o empecilho aqui; Deus é que está bloqueando meu caminho. Minha questão é com Ele. Então lhe mostrarei minha lealdade demonstrando um espírito leal a Saul, e confiarei que o Senhor luta por mim. Ele me levará adiante para o grande cumprimento". *Pelo fato de que Davi via a Deus como o único que dirigia seu destino, ele conseguiu se desvencilhar de todas as tentações para a infidelidade.*

Se você acha que uma pessoa pode ajudá-lo, então também vai acreditar que alguém poderá impedi-lo. Uma vez que você creia que outro ser humano possa impedir seu destino em Deus, você se tornará suscetível ao espírito de infidelidade, que tem seus olhos sobre as pessoas. Está mais ciente da dinâmica humana do que da divina. Os outros são vistos como concorrentes.

A infidelidade diz: "Meu líder é tão _____ [complete o espaço com qualquer qualidade negativa]. Enquanto ele estiver em sua posição, eu nunca decolarei para meu destino". O próximo passo lógico é fazer o que você puder pra que ele vá em frente. "Afinal", você diz, "estou lhe fazendo um favor em empurrá-lo para seu caminho, pois ele poderia ser muito mais eficaz se saísse de sua atual zona de conforto". Assim, você compartilha o espírito de Absalão e nem sequer o percebe. (Veja o Apêndice para um resumo de quem ele era e o que fez.)

Esse rapaz, que foi desleal a seu pai Davi, liderou uma insurreição para tomar seu trono (nos referiremos a Absalão muitas vezes neste livro porque ele — juntamente com Judas Iscariotes — talvez seja a mais clara personificação de deslealdade na Bíblia). Ele tinha uma visão cínica da agenda do pai. Nunca acreditava que ele o amasse suficientemente para fazer-lhe o que era correto. Assim concluiu que se ia ter o que lhe era de direito, teria que arrancá-lo pessoalmente das mãos de Davi.

Deus não quer filhos que se relacionem com Ele desta forma, que duvidem de suas intenções e tentem usar os versículos da Bíblia para arrancar dele o que eles querem para si mesmos. *Deus quer filhos verdadeiros que confiem nEle, que acreditem em Sua generosidade e que estejam convencidos de que Ele está comprometido com absolutamente o mais excelente e melhor para eles.* O Senhor está trazendo à glória muitos filhos e filhas que saibam o que Jesus sabia: mesmo que o caminho seja doloroso às vezes, o propósito divino na jornada é levar Seus filhos adiante para sua completa herança, até o momento em que estarão diante de toda criação como filhos perfeitos de Deus.[17]

---

17 Romanos 8:19

Deus está procurando por esse tipo de lealdade, e minha alma responde: "Sim, Senhor, aqui está o meu coração. Eu sou seu".

> **Para discussão em grupo:**
>
> 1. De que forma você tem sentido Deus procurando por fidelidade em seu coração?
> 2. Você já percebeu outra pessoa como empecilho para seu destino? Como superou isso?
> 3. Qual é o maior desafio em reservar sua afeição somente para Cristo?
> 4. Você se sente desafiado de alguma forma específica a olhar somente para Deus como sua fonte de libertação?

Capítulo 2

Honrando a Medida de Cristo

Fidelidade a Deus, para mim, quer dizer que minhas afeições estão reservadas somente para Ele e que meus olhos estão sobre Ele como única fonte da minha salvação e ajuda. Mas também quer dizer mais uma coisa para mim: Fidelidade a Deus quer dizer que nunca violarei a medida de Cristo.

Definição de "Medida"

A fim de explicar esta afirmação começaremos olhando para o uso que Paulo faz da palavra "medida" na única passagem bíblica onde a palavra é usada:

Mas não nos gloriaremos além da **medida**; antes, conforme a reta **medida** que Deus nos deu, para chegarmos até vós; porque não nos estendemos além do que convém, como se não houvéssemos de chegar até vós, pois já chegamos também até vós no evangelho de Cristo. Não nos gloriamos além da **medida** nos trabalhos alheios; antes, temos esperança de que, crescendo vossa fé, seremos abundantemente engrandecidos entre vós, conforme nossa regra, para anunciar o evangelho nos lugares que estão além de vós, e não em campo de outrem, para não nos gloriarmos no que já estava preparado (2 Coríntios 10:13-16).

Vemos neste texto que a medida de Paulo, que foi marcada por Deus, incluía os crentes coríntios porque ele foi quem primeiro lhes pregou o evangelho. E ainda, ele tinha autoridade sobre suas vidas, somente se eles lhe outorgassem voluntariamente. A esperança do apóstolo era que, à medida que a fé deles crescia, eles iriam aumentar grandemente sua influência e autoridade sobre suas vidas (é necessário ter fé para dar a alguém mais autoridade em sua vida). Ao fazê-lo, o apóstolo seria liberado para levar o evangelho "a lugares que estão além de vós".

A palavra "medida" é uma referência à quantidade de influência que alguém exerce nas vidas daqueles que pertencem ao seu círculo de exposição. Imagine, por um momento, uma pedra jogada em um lago. Quanto maior a pedra, maior as ondulações que ela causa, e mais para mais longe elas se propagarão. Pense na "medida" de alguém como essas ondas em um lago. A medida de um homem ou mulher é o efeito ondulatório que flui dele ou dela em virtude do impacto e influência de sua vida e ministério a outros.

Cada um de nós tem uma medida de influência que nos foi dada por Deus[1] e ela irá aumentar ou diminuir com as estações da vida. À medida que amadurecemos nossa medida ministerial se amplia, normalmente. Se tivermos graves falhas diante de Deus podemos diminuí-la por uma temporada. Também podemos restaurar qualquer medida que tiver sido perdida se nos arrependermos de forma que toque Seu coração.

Medida é uma palavra que descreve um "círculo de influência" horizontal contra um posicionamento vertical em uma empresa. Não era um título ou ofício que dava a Paulo sua autoridade sobre os coríntios; era a credibilidade de seu relacionamento que havia sido construído em virtude de sua história em comum. Paulo passara 18 meses investindo na igreja em Corinto de forma que expressava confiantemente sua convicção de que sua "medida" os incluía. No entanto, ainda assim lhes apelava para que aumentassem sua medida porque se eles não reconhecessem que participavam dela, suas reivindicações eram sem sentido.

Cristo Tem Uma Medida

Assim como todos nós temos uma esfera, Jesus Cristo também tem a Sua própria. É seu domínio legítimo que lhe foi dado pelo Pai. A medida de Cristo é aquela porção de Sua herança que Ele não compartilha com ninguém, e dentro da qual Seus amigos sempre buscam que seja ampliado.

Quero enfatizar dois aspectos importantes dentro da medida de Jesus. O primeiro é a Sua glória. Ele tem direito à glória que o Pai lhe concedeu, e não irá compartilhá-la com ninguém[2]. O maior desejo de Deus através do drama da história humana é que a humanidade redimida seja "para o louvor

---

1   1 Coríntios 10:13
2   Isaías 42:8 e 48:11

da Sua glória" (Efésios 1:12). O Pai declarou ao Filho: "Tudo é Teu". Quando o Filho é glorificado, então o Pai também o será[3]. Um dia Jesus devolverá toda glória a Deus, "para que Deus seja tudo em todos" (1 Coríntios 15:28). O Pai não está tentando fazer com que nenhuma pessoa pose bonito em todo esse drama. A única pessoa que ficará bonita no fim de tudo é Jesus Cristo. *A glória e o crédito por tudo é a Sua medida.*

Não há nada mais seguro para nós do que sairmos do negócio parecendo incompetentes e fracos, e Ele em beleza e sabedoria gloriosamente espetacular.

O segundo aspecto é que dentro da medida de Cristo está a afeição de Sua noiva. João Batista colocou da seguinte forma: "Aquele que tem a noiva é o noivo" (João 3:29). Aquele que detém as afeições da Noiva de Cristo em Sua mão é o Noivo celestial. Ele possui seu coração, sua paixão, seus desejos, suas aspirações, sua atenção, seus sonhos, suas afeições. Ela é dEle. Ela está dentro da Sua medida, e Ele não dividirá seu amor com ninguém mais.

Fidelidade à Medida de Cristo

A fidelidade a Cristo é grandemente consciente de Sua medida. O filho fiel reconhece que a glória é dEle, e que as afeições da Noiva são Suas, assim ele guarda seu coração e ações com grande diligência para que não viole esses limites. *A infidelidade a Jesus está no buscar para si próprio aquilo que pertence exclusivamente à Sua medida.*

Um filho verdadeiro é zeloso, primeiramente, quanto à glória — que ele mesmo não receba nada dela. Quando começa seu dia com a oração "Santificado seja Teu nome"[4], está dizendo: "Senhor, que somente Tu sejas glorificado através de tudo o que eu disser ou fizer hoje". A fidelidade está entretecida com a vida de oração porque o filho verdadeiro é zeloso pela boa reputação do Senhor em toda terra. "Não a nós, Senhor, não a nós, mas ao teu nome dá glória, por amor da tua benignidade e da tua verdade" (Salmo 115:1).

Há dois fatores importantes que irão encantar e impressionar as pessoas fazendo com que deem excessiva glória ao vaso humano: *o conhecimento e o poder.* Quando nos é concedido poder para operar sinais e maravilhas, as pessoas ficam estupefatas e como Simão, o mágico[5], também quererão adquiri-lo. Mas, há algo ainda mais impressionante ao homem: o conhecimento.

---

[3] Filipenses 2:11
[4] Mateus 6:9
[5] Atos 8:19 e versículos adjacentes

Quando lhe é concedido entendimento sobrenatural sobre o Reino, as pessoas o exaltarão além do que devem. A Paulo foi dado esse espinho na carne, não porque lhe fora dado poder, mas por causa do entendimento que tinha. As revelações, mais que o poder, impressionavam as pessoas. O apóstolo tinha tanto um como outro, e isso fazia com que precisasse de um espinho na carne. O propósito de Deus era fazer dele uma visão lastimável de se contemplar, a fim de que os homens dessem glória ao Senhor ao invés de ao vaso. Como Deus poderia dar medidas apostólicas a vasos sem também lhes dar um espinho na carne que desviasse a glória para longe deles?

Um filho verdadeiro também tem zelo por outra coisa. *Ele é zeloso com relação à noiva, que nenhuma de suas afeições sejam dirigidas a ele, mas que sejam reservadas exclusivamente ao noivo.* "Pois zelo por vós com zelo de Deus; visto que vos tenho preparado para vos apresentar como uma virgem pura a um esposo, a saber, Cristo" (2 Coríntios 11:2).

Paulo estava expressando sua fidelidade a Cristo quando escreveu: "Pois não nos pregamos a nós mesmos, mas a Cristo Jesus, o Senhor; e nós mesmos somos vossos servos por amor de Jesus" (2 Coríntios 4:5). É muito fácil pregar Cristo ao mesmo tempo em que proclamamos a nós mesmos, pregando o evangelho de Jesus a outros, mas após terminar a pregação o que as pessoas falam é sobre nós em vez do Cristo: "Que pregação magistral! Esse pregador tem um intelecto incrível. E que domínio da linguagem! Certamente não vou esquecer o dia em que ele pregou em nossa igreja!"

O amigo leal fica feliz depois da sua pregação somente se os corações do povo de Deus ficarem sensíveis ao seu Senhor, se forem atraídos a Ele em arrependimento, para a intimidade e se forem embora da reunião falando que seu desejo por Cristo está mais forte do que nunca. *O amigo fiel fortalece as afeições da Noiva a um só — Jesus.*

Cristo é muito fiel a Seus amigos, e busca servos que sejam fiéis em troca, não usurpando Sua medida. Busca por amigos verdadeiros também que, como João Batista, vão se alegrar com sua diminuição aos olhos das pessoas.[6] Quando Jesus vier à Terra pela segunda vez, acontecerá com os amigos de Cristo o mesmo que aconteceu com João Batista. A Noiva vai desviar seus olhos completamente do amigo e vai olhar para o Amado que voltou para ela. Irá esquecer o nome do amigo! Irá ter olhos somente para o Noivo, o único que tem seu coração em Suas mãos. E o amigo fiel, no dia em que seus anos de serviço a ela forem completamente esquecidos, irá dizer: "Agora minha alegria está completa!"

---

6 João 3:26-23

Na parábola de João Batista em João 3:29 há três personalidades representadas: Cristo ("o noivo"), o servo do Senhor ("o amigo do noivo") e o povo de Deus ("a noiva"). A tentação para a noiva, já que seu noivo se retirou para uma longa viagem, é colocar os olhos no amigo. Ela começa a se enamorar dos amigos de Cristo porque pode vê-los em carne e osso (esses amigos representam os líderes no Corpo de Cristo que são chamados a servir a noiva e prepará-la para as bodas). Os amigos verdadeiros — e fiéis — sempre resistirão à tentação de flertar com a Noiva. Sabem que se começarem a gostar de sua afeição e a alimentá-la não serão mais amigos de Jesus, mas Seus concorrentes. É por isso que os verdadeiros amigos de Cristo são tão discretos.

Muitos dos amigos do Senhor hoje oram: "Senhor, amplia meu território! Alarga minha medida!"

O Senhor responderá a alguns deles: *"Por que eu deveria lhe dar uma medida maior, quando você já está violando a Minha medida com o que Eu lhe dei?"* Refiro-me àqueles servos que têm um desejo de parecer bem aos olhos do povo (querem glória) e àqueles que encontraram sua identidade nos louvores de Noiva (encontram sustentação nas afeições da Noiva). Deus vai resistir às suas tentativas de ampliar suas tendas.

A maior medida será dada ao filho verdadeiro — ao amigo fiel — que está intensamente determinado a repudiar qualquer conduta que venha a estar, mesmo que remotamente, infringindo a medida de Cristo. *Quando Jesus contempla Seus amigos verdadeiros que são cuidadosos em não receber nenhum louvor da Noiva, Ele irá lhes conceder medidas apostólicas que irão garantir a maior colheita dos últimos dias, pois são considerados uma companhia segura para a Noiva.*

Para discussão em grupo:

1. Como os membros de nossa equipe podem aumentar a honra que dão à medida do ministério de cada um?
2. O que você faz quando a Noiva começa a dirigir suas afeições a você, agradecendo-lhe por seu serviço?
3. O Espírito Santo o convenceu sobre alguma forma em que você tenha violado a medida de Cristo?

Capítulo 3

O Que É Fidelidade?

Antes de vermos mais de perto a fidelidade a Deus, vamos decidir o que queremos dizer com esta palavra. De forma mais resumida possível, eu descreveria fidelidade como "lealdade em amor". É o alinhamento de nossa alma com a de outra pessoa em um tipo de amor de família, que poderia ser ilustrado pelo vínculo de amor que unia Davi e Jônatas em alma e coração. Assim, para o propósito de nossa discussão neste livro, iremos usar "lealdade em amor", como um termo conciso e descritivo.

Entretanto, gostaria de apresentar uma "definição funcional" de fidelidade que é mais fácil de entender.

Uma Definição Funcional

Fidelidade é uma lealdade nobre, inabalável que é arraigada na fé e no amor, que une corações em um propósito comum.

Analisemos cada porção desta definição. Primeiramente, com certeza concordamos que a fidelidade é "nobre". O Criador escreveu essa verdade em nossa consciência. Deus colocou um "chip de fidelidade" no "disco rígido" da psique humana. Todos nós temos o desejo inato de trazer à tona a nobreza da fidelidade. Desejamos ter um seleto grupo de amigos a quem sejamos fiéis e que, em troca, sejam fiéis a nós. E mesmo assim, mesmo que todos tenhamos essa capacidade, o pecado deturpou e distorceu nossa humanidade a tal ponto que agora só somos capazes de fazer o oposto. Algumas vezes nossa pecaminosidade nos arrasta ao pântano da traição e deslealdade. Muito da dor da existência humana tem a ver com circunstâncias onde a fidelidade é quebrada ou violada. Poucas coisas são tão dolorosas quanto um amigo que pensamos que era verdadeiro tenha uma mudança de coração violando nossa aliança. As boas novas, no entanto, são que através da graça divina podemos nos levantar para a nobreza da semelhança com Cristo.

Quando o Espírito de Deus veio sobre Amasai, ele expressou fidelidade a Davi[1]. Em contraste, quando Satanás entrou em Judas, ele tramou trair a Jesus[2]. Pode haver algum engano quanto à origem da fidelidade e da traição? Fidelidade vem do alto, a traição do inferno. A fidelidade é nobre por que vem de Deus.

De acordo com a segunda parte de nossa definição funcional, a fidelidade é uma lealdade inabalável. É a aliança que permanece resolutamente ao lado de um amigo, mesmo em face de circunstâncias de oposição. Jônatas era esse tipo fiel de amigo a Davi. Mesmo quando seu pai, Saul, o repreendia e castigava por fazer uma aliança com Davi, Jônatas nunca se desviou de sua lealdade inabalável. Ficou ao lado do amigo, mesmo sabendo que isso significaria perder o trono, bem como o respeito de seu pai. A lealdade fez de Jônatas um dos maiores exemplos de fidelidade na Bíblia.

A seguir nossa definição diz que a fidelidade é "arraigada na fé e no amor". *A fidelidade sempre envolve afeição ou amor.* É um vínculo afetivo que é genuinamente gratificado quando ao outro é concedida uma maior influência entre os homens, mesmo quando custa a diminuição pessoal do outro. Talvez a outra pessoa tenha lhe feito o bem e agora você queira demonstrar gratidão. Qualquer que seja a razão para sua afeição, a lealdade é fundamentada no amor. *Mas também é fundamentada na fé.* Ela acredita na outra pessoa. Irá dar seu coração a Davi, porque crê que Deus lute por ele. Onde tanto a fé quanto o amor estiverem intactos, a fidelidade permanecerá forte e constante.

E, finalmente, dissemos que a fidelidade "une corações em um propósito comum". É como uma cola. Ela nos cimenta em relacionamentos de forma positiva para que nossa parceria no evangelho realize mais do que se estivéssemos isolados uns dos outros. A fidelidade se prova com mais do que palavras. Não abre a boca em afirmações vazias do tipo: "estou com você"; ela se mostra com ações provadas. Jesus disse aos Seus discípulos: "Vocês realmente me amam? Então depositem suas vidas em favor daqueles a quem amo, alimentando minhas ovelhas"[3]. A fidelidade entra em ação prendendo-se em jugo a Davi e puxando a carruagem juntos para o cumprimento do mandamento do Reino.

---

1   1 Crônicas 12:18
2   Lucas 22:3-4
3   Paráfrase de João 21:15-17

Seguindo Adiante Em Propósito

A fidelidade é o juntar de mãos para prosseguirmos juntos em realizações conjuntas. É-nos dado uma representação desta verdade na vida de Jeú, que foi ungido por Eliseu para ser rei de Israel. No momento da unção ele foi comissionado para derrubar toda a família do rei Acabe, por causa de sua maldade[4]. Qualquer um que fosse fiel a este rei deveria ser banido.

Enquanto Jeú estava no processo do cumprimento da palavra encontrou seu amigo Jonadabe. Jeú o questionou: "Reto é teu coração, como o meu coração é para com o teu coração?" Jonadabe respondeu: "É" ao que recebeu a réplica: "Então, se é, dá-me a mão". As Escrituras prosseguem: "Ele deu-lhe a mão, e Jeú o fez subir consigo ao carro" (2 Reis 10:15). Então Jeú lhe disse: "Vem comigo e verás o meu zelo para com o Senhor. Assim, Jeú o levou no seu carro" (2 Reis 10:16).

Você consegue imaginar Jeú estendendo sua mão, pegando as mãos de Jonadabe e puxando-o para seu carro, depois os dois indo juntos para um propósito em comum? Isso é fidelidade.

Além disso, a fidelidade buscará uma forma, se possível, de evitar a separação. Vemos isso na bela lealdade de Rute à sua sogra, Noemi.

Rute, porém, respondeu: Não me instes a te abandonar e deixar de te seguir. Porque, aonde quer que fores, irei e, onde quer que pousares à noite, ali pousarei. Teu povo é meu povo, e teu Deus é meu Deus. Onde quer que morreres, morrerei, e ali serei sepultada. Faça-me assim o Senhor, e outro tanto, se outra coisa que não seja a morte me separar de ti (Rute 1:16-17).

A fidelidade permanece ao lado do próximo e segue em frente juntos. Ser fiel a Davi é valorizar o que ele valoriza, buscar o que ele busca, lutar onde ele estiver lutando e morrer onde ele morrer.

A Maioria das Pessoas Pensa Ser Fiel

À luz daquela definição, muitos de nós cremos sinceramente que somos fiéis. Mesmo que a infidelidade seja uma calamidade muito comum na igreja atualmente, parece que todos temos uma convicção pessoal de que não somos pessoalmente parte deste problema. Não somos um grupo interessante?

---

4 2 Reis 9:7

Nunca conheci uma pessoa que se considerasse infiel. Aqueles que o são normalmente justificam suas palavras e ações insistindo que são portadores da verdade. Se enxergássemos nossa infidelidade, certamente pararíamos! É nossa cegueira que a torna tão perigosamente insidiosa.

Um amigo que pertence ao corpo pastoral de uma igreja grande nos Estados Unidos ganhou minha atenção quando contou a história de um irmão em sua igreja que fora leal por alguns anos, mas que se desencantou com a liderança. Ele acabou saindo da igreja. Infelizmente, entretanto, saiu de uma forma desleal. Ao invés de sair de fininho, começou a falar contra o pastor, desta forma contaminando outros com sua amargura. Um grupinho assumiu sua ofensa e saiu da igreja com ele. Logo depois esse irmão estava se candidatando a um emprego e em seu currículo constava: "um de meus pontos fortes é a lealdade". Ele acabara de deixar a igreja em meio a um alvoroço e agora afirmava que a lealdade era uma de suas características pessoais. Assim como outros tantos, estava cego para seu próprio coração.

Uma das razões por que não vemos nossa infidelidade é que nos convencemos de que estamos sendo leais a algo maior. Não há nada errado, *per se*, com a transferência de fidelidade de uma pessoa para outra. O problema não é pôr de lado uma relação em funcionamento, mas como o fazemos. Nós o fazemos de forma que seja desleal com um dos Davis de Deus? Se o irmão da história acima tivesse saído da igreja calado, sem expressar seu descontentamento para os outros, poderia ter mantido sua integridade. Porém por ter mantido sua língua em movimento acabou se tornando em um divisor e perturbador.

Algumas vezes a infidelidade está na fidelidade dirigida à coisa errada. Muitos daqueles que são infiéis são, na verdade, fiéis a ninguém mais além de si mesmos. No entanto, a fidelidade a si próprio é uma engano muito forte que nunca seremos capazes de ver e confessar sem a intervenção do Espírito Santo. Em outros exemplos, algumas pessoas foram infiéis a Davi porque havia transferido sua lealdade à pessoa errada — Absalão. É crucialmente importante saber a quem nos aliamos. Aqueles que se aliaram a Absalão devem ser leais, mas é uma lealdade à pessoa errada. Irá destruir, ao invés de cumprir, seu destino em Deus.

Às vezes temos que escolher entre duas alianças que competem entre si. Por exemplo, Jesus disse que não podemos ser fiéis a Deus e à riqueza porque são senhores concorrentes[5]. O mesmo princípio se aplica ao âmbito das relações humanas. Não podemos ser fiéis a Davi e a Saul. *Algumas vezes ser leal a Davi significa que tenhamos que prestar lealdades a Saul.*

---

5   Lucas 16:13

Em alguns casos, os lados ficam estremecidos e a confrontação chega a um ponto de crise em que cada um deve escolher de que lado ficar. Ser fiel é ficar com seu amigo quando o confronto chegar. *Fidelidade é aquela qualidade que determina com quem você ficará quando todos na cena devem tomar uma posição.*

Veja, por exemplo, a prisão de Jesus. Havia dois grupos no Jardim do Getsêmani: o grupo que estava com Jesus e o grupo que estava com os soldados que vieram prendê-lo. Todos os presentes eram necessários àqueles dois grupos. Todos tinham que decidir com quem ficariam. As Escrituras dizem que Judas se encontrava entre os que prenderiam a Jesus: "Judas, que o traía, estava também com eles" (João 18:5). Ele havia decidido com quem ficaria, e essa acabou sendo uma decisão eterna.

Apesar de que com o tempo os outros onze fugiram com medo, pelo menos houve aqueles minutos em que permaneceram com Cristo quando era mais importante. Eles cederam à pressão, mas mesmo assim se recusaram a se posicionar com os que O prendiam. Por causa disso Jesus disse a Maria depois de Sua ressurreição que eles eram Seus "irmãos", e que desejava encontrá-los[6]. Eles Lhe pertenciam, porque Ele era deles também.

A Expressão de Fidelidade de Amasai

A declaração bíblica de fidelidade mais clara encontra-se nas páginas da história de Davi, quando ele ainda era um excluído do seu povo:

Também vieram alguns dos filhos de Benjamim e de Judá a Davi, ao lugar forte. Davi lhes saiu ao encontro e lhes falou: Se viestes a mim pacificamente e para me ajudar, o meu coração se unirá a vós; porém, se é para me entregar aos meus inimigos, sem que haja deslealdade nas minhas mãos, que o Deus de nossos pais o veja e o repreenda. Então entrou o Espírito em Amasai, chefe de trinta, e disse: Nós somos teus, ó Davi! Contigo estamos, ó filho de Jessé! Paz, paz seja contigo, e paz seja com quem te ajuda! Pois teu Deus te ajuda. Davi, então, os recebeu e os estabeleceu como capitães das tropas (1 Crônicas 12:16-18).

Já que o rei Saul era benjamita, os "filhos de Benjamim" que vieram a Davi nesta ocasião deviam ser parentes de Saul. Membros da mesma tribo normalmente ficariam juntos, então os maiores apoiadores do rei eram os

---

6   Mateus 28:10 e João 20:17

benjamitas. Porém, aqui há alguns dos seus parentes vindos a Davi e expressando seu interesse em se unir a ele.

Davi não tinha certeza se sua vinda a ele era fingida ou sincera, desta forma sua saudação foi um tanto precavida. Basicamente disse: "Se vieram como parentes de Saul para me trair, então que o Deus de nossos pais veja e traga julgamento sobre vocês".

Alguns daqueles que vieram ao futuro rei, eram seus parentes (da tribo de Judá). Um deles, um líder entre eles de nome Amasai, recebeu uma repentina visitação do Espírito Santo ungindo sua vida e respondeu a Davi com essas palavras que nasceram no coração de Deus: "Nós somos teus, ó Davi! Contigo estamos, ó filho de Jessé! Paz, paz seja contigo, e paz seja com quem te ajuda! Pois teu Deus te ajuda".

Essa afirmação de lealdade é fantástica e assustadora. Amasai fora varrido pelas emoções do Espírito e expressou o tipo de fidelidade que somente Deus pode dar. Estava dizendo: "Sua vontade é uma ordem, pois nossos corações se uniram ao seu por Deus", não dissera: "Deixe-nos saber o que você gostaria, Davi, daí oraremos sobre isso e voltaremos a você e lhe faremos saber se faremos o que você pede". Não fez nenhuma ressalva. Não havia reserva ou autopreservação nem provisão para uma saída discreta se as coisas não corressem como planejado. Nada disso. Deus produzira uma lealdade santa em seus corações para com Seu ungido e Amasai ficou cheio do poder do Espírito para expressar suas intenções com sinceridade profunda.

O papel do Espírito na fidelidade deles testifica que *estamos tratando de um assunto que é santo e nobre. A verdadeira fidelidade é impossível sem a ajuda do Espírito Santo.* Quando os motivos são corretos, creio que o Espírito ama encher e transmitir esse tipo de fidelidade aos Davis de Deus.

Amasai fornece o modelo do tipo de lealdade que se dispõe a sofrer perdas ou diminuição pessoal pelo prazer de promover a causa de Davi. Esses homens estavam colocando suas vidas na reta para apoiar seu rei. A fidelidade a Deus funciona da mesma forma. *O servo fiel ao Senhor doa sua vida para a promoção dos interesses divinos.*

Algumas vezes a fidelidade envolverá uma promessa, como a que Amasai fez a Davi. Você irá perceber que Davi não requereu nem solicitou essa promessa; foi algo totalmente voluntário da parte de Amasai. A *fidelidade tem que ser voluntária, pois desde o momento que for forçada, requerida ou exigida deixará de ser autêntica e se tornará mais como uma imposição de adesão militar.*

Inicialmente Davi foi precavido porque sabia que alguns dos parentes de Saul estavam no grupo. Mas, uma vez que todos fizeram a promessa de sua aliança de afeição a ele, sua aceitação foi implícita e imediata. Tudo que tiveram que dizer foi: "Nós somos teus!", e Davi esperou o melhor deles. Não os levou a uma entrevista cansativa a fim de se assegurar de que seus motivos eram nobres. Ele os aceitou e os recebeu a todos — até aos maus. Em outras palavras, *não teve um mecanismo de filtragem para se proteger da traição*.

Então, qual era seu plano de contingência para se autoproteger contra aqueles que poderiam vir a traí-lo? Invocou ao Senhor na presença deles, para que Ele visse e julgasse. *Se deveria ser protegido da traição, Deus é quem deveria fazê-lo.*

O Poder dos Príncipes

Os príncipes da terra sempre têm o poder de influenciar aos outros. Amasai tinha a habilidade, como chefe entre os capitães, de usar sua influência tanto a favor quanto contra a causa de Davi. Por causa de seu coração nobre ele ficou registrado nas crônicas da sagrada literatura como o homem que usou sua influência para inspirar a outros que fossem leais a Davi. Que Deus nos dê mais Amasais!

Príncipes e anciãos muitas vezes se tornam em para-raios para aqueles que estão descontentes com o rei (o líder principal). Os descontentes se aproximarão de um deles com uma linguagem esperta para discernir se são simpáticos à sua queixa. Quando um príncipe diz: "Bom, vamos orar pelo líder — pois afinal ele é humano, sabe", ele acabou de arruinar tudo. Essa resposta quer dizer: "Bom, você está certo; mas não podemos mudar a cabeça do líder". Desta forma o descontente sabe imediatamente que tem neste príncipe um aliado. Se o ancião ou príncipe for leal a Davi, no entanto, irá usar sua influência para apagar o fogo dos descontentes das fileiras do líder.

Aitofel eram um homem brilhante, era um dos principais conselheiros de Davi e um ancião eminente na terra. Havia sido leal a Davi e poderia ter evitado a tragédia da traição de Absalão. Quando o rapaz o encontrou secretamente, ele poderia ter usado sua influência para converter o coração deste jovem; em vez disso foi contaminado com a ofensa dele. A Bíblia não nos diz onde a reunião aconteceu, mas Absalão veio para ver se encontrava um aliado em Aitofel. O rapaz estava constantemente procurando encontrar aqueles que poderiam ter uma queixa não resolvida para com seu pai, o rei Davi, de forma que pudesse ganhá-los para sua insurreição. À primeira vista poderia parecer totalmente compreensível que Absalão escolhesse um amigo tão confiável de Davi para descarregar suas frustrações e derramar suas reclamações. Porém, como era desleal, não estava buscando ajuda para processar seus pensamentos; em vez disso, queria incitar uma dissensão no coração de Aitofel. Mas tinha que fazer isso de forma muito astuta.

Sabendo que Aitofel era o avô de Bate-Seba[7], Absalão muito provavelmente buscou descobrir se ele podia ter ainda alguma amargura com relação a Davi pela forma como este havia violado sua neta e matado seu marido. Se fosse deixada quieta a queixa de Aitofel provavelmente teria afundado em uma morte tranquila. Mas o rapaz veio e assoprou as brasas que esfriavam e encontrou uma maneira de ressuscitar no coração deste ancião um rancor que estava quase esquecido. *Esse é o procedimento padrão dos filhos infiéis — ir aos anciãos da terra para ver se conseguem conquistar um conspirador com ele.* Enquanto Absalão o enchia de perguntas, Aitofel percebia que ali estava um homem com carisma, influente e com capacidade intelectual para iniciar um golpe. De repente aquele senhor se viu em um cenário de ganha-ganha em que poderia ter a vingança sobre o homem que violara sua menina, enquanto permaneceria em sua posição de influência ao lado do rei de Israel (o novo rei, isto é — Absalão). Qualquer que fosse a maneira que essa conversa transcorreu, o rapaz saiu dela com um aliado.[8]

Aqui está a diferença entre Absalão e Amasai: o primeiro usou sua influência para levar os outros a ficarem contra Davi; o último usou a sua para convertê-los ao rei em amor leal.

Para discussão em grupo:

1. Você pode pensar em formas de melhorar a definição para "fidelidade" deste livro?
2. Conversem sobre a fidelidade como sendo uma cola. O que esta imagem lhe traz à mente, especialmente no que se refere ao seu grupo?
3. De que formas podemos estar cegos a áreas de deslealdade em nossos corações?
4. Fale sobre um tempo em que teve que escolher entre duas lealdades.
5. Conversem sobre a expressão de fidelidade de Amasai. Você pode se imaginar dizendo algo semelhante ao seu líder?
6. Como devemos responder se alguém vier a nós com reclamações ou críticas sobre nosso líder?

---

7   2 Samuel 11:3 e 23:34
8   2 Samuel 15:12

Capítulo 4

Qual é a Grande Importância da Fidelidade, Afinal?

A questão da fidelidade é realmente tão importante? Ou estamos fazendo um caso de algo que não merece tanto? Quero dizer, a fidelidade é *tão* importante para Deus?

Resposta: o assunto da fidelidade é *muito* importante aos olhos de Deus. Nada tem maior importância entre os valores divinos centrais. Uma das maiores razões para a primazia desta questão é o fato de que foi a infidelidade que rompeu a unidade e alegria celestial. Uma vez que você a experimente, ela se torna inesquecível. A deslealdade, abastecida pelo orgulho, foi o catalisador da rebelião e queda de Lúcifer. Ela dividiu a eternidade em duas partes, trazendo ao universo de luz algo que jamais fora visto — o reino das trevas. Nunca antes o coração benevolente de Deus fora tão violado e desdenhado. Foi a confrontação mais dura que o Senhor teve que suportar. Por isso a questão da fidelidade corre no coração e história de Deus.

O plano redentor está sendo levado adiante em um planeta governado por demônios — no território de Satanás e sob suas regras. Por quê? Porque Deus está preparando aquela Noiva para Seu Filho, que depois de ter dito "Sim", debaixo das maiores pressões, nunca voltará as costas a seu Senhor como Lúcifer o fez. Por todos os tempos da Glória, ela permanecerá eternamente verdadeira Àquele que foi ferido pelos pregos, por causa da batalha que ganhou para obter a vida eterna.

Para entender isso melhor, vamos dar uma olhada nas circunstâncias que cercaram a queda de Lúcifer.

A Infidelidade de Lúcifer

Lúcifer era um dos anjos mais poderosos de Deus, a quem o Senhor exaltara com imensa glória e honra[1]. Deus escolheu dispensar maravilhosa gentileza e bondade sobre ele. Era tão impressionante em beleza e em poder que era tido com honra pelas hostes celestiais. Mas seu estado de exaltação subiu-lhe à cabeça, e ele começou a se encher de orgulho[2]. Deus lhe havia dado uma glória tão incrível que quando decidiu liderar uma insurreição contra o trono do Senhor, ele conseguiu, pelo poder da sua beleza e esplendor, trazer um terço dos anjos celestes para seu lado[3]. Seu grande poder deve ter sido impressionante mesmo! Mas ele não se comparava a Deus. Quando tudo foi abalado, Lúcifer e suas hostes foram abolidos e expulsos do céu para a terra.

É quase impensável, mas realmente aconteceu: houve um golpe no céu! Lúcifer ficou insatisfeito com Deus e depois tentou destruí-lo. Você deve estar pensando: "Como alguém poderia sentir raiva de Deus? Ele é perfeito!" É verdade, Ele é perfeito de todas as formas, mas mesmo o Deus perfeito teve um terço dos Seus anjos se voltando contra Ele.

Então, creio que não deveria nos surpreender quando os outros forem desleais conosco, considerando nossa fraqueza, nossos defeitos e falhas. Algumas vezes os outros são infiéis a nos mesmo quando os tratamos perfeitamente. *Se Deus que é totalmente belo incorreu no ódio de Lúcifer, e se Jesus cuja liderança é perfeita incorreu na traição de um de Seus discípulos, então é compreensível que os Davis de hoje encontrem pessoas ao seu redor querendo lhes roubar o jugo da liderança.*

Como Ele Fez Isso?

Eu sempre quis saber como Lúcifer poderia ter arquitetado uma insurreição contra Deus dentro do domínio da glória de Deus. Como ele poderia ser bem sucedido naquilo? A única resposta razoável é que Deus permitiu que Lúcifer organizasse seu golpe. Deus viu a rebelião em seu início, observou enquanto ela crescia, e, em seguida, expulsou Satanás quando a rebelião atingiu a plena manifestação.

É fascinante considerar que Deus não fez nada para parar Lúcifer, enquanto ele estava contando com recrutas entre as hostes celestiais. Deus

---

1 Isaías 14:9-17, Ezequiel 28:12-19
2 Isaías 14:13-14
3 Apocalipse 12:4

estava ciente da junção dos descontentes, e mesmo assim Ele se recusou a intervir, enquanto mais e mais anjos estavam sendo atraídos para o pensamento distorcido de Lúcifer. Por que Deus ficou em silêncio enquanto poderia ter acabado com a rebelião no seu início? A resposta encontra-se no desejo de Deus para a verdadeira lealdade. Deus não quer indivíduos leais a Ele porque todas as outras opções estão bloqueadas. Não, Ele quer que aqueles que, apesar de alternativas, deliberadamente escolhem Ele. Se os anjos queriam ser leais a Lúcifer, Deus não faria nada para detê-los.

Curiosamente, Davi escolheu a mesma abordagem no relacionamento com seu filho desleal, Absalão. Ele sabia que Absalão era crítico de sua liderança e que ele estava buscando as afeições dos filhos de Israel para si mesmo. E ainda, Davi não fez nada para parar a insurreição de Absalão enquanto ela estava em seus estágios de formação. O exemplo de Davi nos ensina que, ainda hoje, o líder sábio pode optar por não interromper o filho que está espalhando amargura e buscando seguidores para si. O coração do verdadeiro pai é sempre dar ao filho o benefício da dúvida, dando espaço para o filho voltar aos seus sentidos. Pais espirituais comportam-se assim porque desejam ser como seu Pai celestial.

Por Que Ele Fez Isso?

A próxima questão que tenho é: por que Lúcifer teve uma má atitude para com Deus? Não consegui achar uma resposta clara para essa pergunta na Bíblia; no entanto, tenho algumas opiniões pessoais que são baseadas no meu entendimento dos caminhos do Senhor. Entendendo que entramos no terreno das conjecturas, vou compartilhar meu melhor palpite sobre o porquê de Lúcifer se voltar contra Deus.

Uma dica inicial aparece para nós em Hebreus 12:9: "Além disso, tínhamos nossos pais segundo a carne, para nos corrigir, e nós os reverenciávamos. Não nos sujeitaremos muito mais ao Pai dos espíritos, para vivermos?" Como Pai dos espíritos, Deus era o Pai de Lúcifer desde o começo. Ele tinha a Si reservado o direito de discipliná-lo e servir-lhe de Pai da forma como achasse melhor. E acho que aí é que as coisas devem ter ido mal. É possível que Lúcifer tenha ficado ofendido com o estilo de paternidade de Deus. Estou sugerindo que tenha chegado um ponto em que Lúcifer se irritou com a disciplina divina.

Fico pensando se Deus deve ter pedido algo parecido a Lúcifer que Ele pediu de Seu próprio Filho. O Senhor tem Seu jeito de chamar Seus amados ao esmagamento e crucificação. Será que Ele talvez chamou o anjo a fazer algo que ele achou que fosse injusto, duro demais ou opressivo? Ele deve ter apontado para a missão que recebera e dito aos demais anjos: "Que tipo de líder dá esse tipo de missão aos Seus seguidores? Um tirano! Como podemos dizer que Deus é bom quando Ele requer esse tipo de sacrifício das Suas criaturas?"

Nós não conhecemos a natureza exata da queixa de Lúcifer, mas ela o fez questionar e contestar a bondade divina. Ele, sem dúvida nenhuma, começou a difamar o Senhor como opressivo, controlador, um déspota egoísta. Seja lá o que for que Deus pediu a Lúcifer, um terço dos anjos olhou para a missão e concordaram com o protesto. Assumiram sua ofensa e basicamente disseram a Deus: "Se é assim que vais governar Teu reino, vamos ficar com Lúcifer e registrar uma reclamação formal".

Todos os pais têm o direito de distribuir sua herança a seus filhos do jeito que quiser e quando quiser. Deus tinha seu próprio jeito de trazer Lúcifer a seu destino, mas ele não gostou do plano do Senhor.

Talvez ele — que hoje é Satanás — conseguiu obter a lealdade de um terço dos anjos celestiais oferecendo-lhe uma grandiosa promessa. Ao renegar a Deus esses anjos acabaram com Satanás como seu pai. Mas provavelmente não sabiam o que estavam ganhando. Enquanto Lúcifer estivesse na casa do Deus Pai, o telhado da casa do Senhor mantinha os assuntos do seu coração suprimido. Porém, uma vez que fora expulso do céu e a retirada de qualquer força que o restringisse, toda as trevas do seu coração enganoso seriam manifestadas. Ele personificou tudo aquilo que Deus não é.

A Natureza Vital da Fidelidade

Quando Lúcifer escolheu ser fiel a si mesmo, essa acabou sendo a decisão mais importante que tomou. Quando Absalão e Judas Iscariotes tomaram a mesma decisão, ela determinou seu destino eterno. A questão em foco é enorme, uma verdade que também é vista de maneira fascinante na vida de Pôncio Pilatos.

No julgamento de Jesus os chefes dos sacerdotes tentaram todos os argumentos enganosos para convencê-lo a entregar Jesus à morte. Começaram sugerindo que Cristo estava organizando um movimento político para tomar o poder de Roma. Afirmavam que Ele estava se preparando para pôr fim a

Roma e estabelecer a Si mesmo como Rei da nação[4]. Mas Pilatos estudou as respostas de Jesus e não acreditou nisso.

Sua segunda acusação era de que Jesus era culpado de blasfêmia por ter afirmado ser o Filho de Deus[5]. Essa acusação deixou Pilatos irritado, especialmente porque Cristo não lhe causou a impressão de ser um louco. Mas não era o suficiente para que ele desse a sentença.

Então os chefes dos sacerdotes tiraram seu ás de espadas. Fizeram do julgamento uma questão de lealdade.

Desde então, Pilatos procurava soltá-lo, mas os judeus clamavam: Se soltares este, não és amigo de César. Qualquer que se declara rei é contra César. Ouvindo Pilatos estas palavras, levou Jesus para fora e assentou-se no tribunal, no lugar chamado Litóstrotos, que em hebraico se chama Gabatá... Então Pilatos o entregou para ser crucificado.[6]

Os judeus estavam perguntando ao procônsul: "De quem você é amigo? De César ou de Jesus?" Diziam: "Pilatos, você tem que decidir a quem será leal. Não pode ser leal a Jesus e a César. Então, quem é? Jesus? Ou César?"

Quando tornaram a questão como sendo de lealdade, Pilatos não hesitou nem mais um momento. Para ele, não havia dúvida. Não iria se aliar há um revolucionário judeu que não tinha muito juízo e arrumar alguns problemas. Não, estava com César. Já que Pilatos tinha que escolher o lado, Jesus tinha que morrer.

Parecia que Jesus estava em julgamento diante de Pilatos, quando na verdade era Pilatos que estava sendo julgado diante de Jesus.

Pilatos depositou sua fidelidade em César e crucificou o Senhor da Glória — uma decisão que determinou seu destino eterno. Aqui está a verdade poderosa que a decisão de Pilatos ilustra: *Aonde você escolhe depositar sua fidelidade pode ser a decisão mais importante de toda sua vida.*

---

4   Esta é a questão que está subentendida em João 18:33
5   João 19:7-8
6   João 19:12-13; 16

Para discussão em grupo:

1. Qual é a importância da fidelidade para você?
2. Para você o que mais se destacou com relação à rebelião de Lúcifer contra Deus?
3. Você concorda com a suposição do autor de que Lúcifer ficou ofendido com o estilo de paternidade e disciplina de Deus?
4. Há algum tipo de decisão de fidelidade diante de você agora? Fale-nos sobre isso.

Capítulo 5

Satanás: o Provedor da Infidelidade

Satanás (cujo nome quer dizer Acusador) está agora em missão entre os homens para incitar mais infidelidade a Deus. Ele acusa a Deus, tentando nos voltar contra Ele. A caricatura que pinta do caráter de Deus são distorções da verdade que pretendem nos fazer ofender a Deus. Seu papel como provedor da infidelidade é tão antigo quanto a história da humanidade e vai até o primeiro livro da Bíblia.

As Escrituras são lançadas com o assunto da fidelidade. O livro de Jó foi o primeiro livro da Bíblia que realmente foi registrado em papel (precede ao livro de Gênesis em antiguidade) e seu tema primordial é a fidelidade. Esse livro é uma saga fascinante de um homem que está sendo disciplinado por seu Deus Pai, com a questão de que se esse homem, em sofrimento profundo, permaneceria leal a Deus e se seus amigos permaneceriam fiéis a ele durante essa jornada.

Na realidade Deus começou a luta ao apontar Jó para Satanás. "O Senhor disse a Satanás: Observaste meu servo Jó? Porque ninguém há na terra semelhante a ele, homem sincero e reto, temente a Deus e que se desvia do mal" (Jó 1:8). Deus estava exaltando a fidelidade daquele homem. Satanás não podia ouvir tais palavras em silêncio, então devolveu suas acusações.

As acusações satânicas contra Deus poderiam ser parafraseadas mais ou menos assim: "Deus, Tu tens a fidelidade das afeições deste homem através de presentes. Tu estás comprando o amor de Jó. Mas isso não é verdadeira lealdade. Jó não te é fiel; ele é fiel à Tua generosidade. É-te leal porque Tu és muito rico. E eu to provarei, se me deres a chance. Tudo que te peço é que tires Teus presentes de sua vida e depois examinaremos de novo. Retira Tua bondade dele, e verás o quanto sua fidelidade é verdadeira. Toques suas posses e aposto que ele irá falar mal de Ti na Tua cara!"

O fato de que a lealdade de Jó se provou verdadeira não parou o acusador. Ele continua a atacar aqueles que são leais a Deus. Tenta provar que a fidelidade do homem a Deus é superficial, e odeia quando fica provado que ele está errado por algum santo tipo Jó. Fica atormentado na alma quando vê homens e mulheres dando ao Senhor toda a lealdade que ele uma vez Lhe deu.[1]

A Oferta de Satanás a Jesus

Assim como todo mundo, Jesus também teve que passar pelo teste da fidelidade. Quando veio à Terra em corpo humano foi interpelado por Satanás, quando Ele tinha 30 anos, que tentou enganá-lo a se apropriar de Sua herança através de tentações muito sutis. Cada uma delas era feita de modo a apelar aos desejos válidos que havia dentro do coração de Cristo, e a atiçá-lo a agir com relação a eles de forma errada.

Uma das tentações, dentre as três mais importantes que Jesus enfrentou, é especialmente relevante para nossa discussão.

O diabo, então, levou-o a um alto monte e, mostrando-lhe num instante todos os reinos do mundo, disse-lhe: Darei a ti todo este poder e sua glória, porque a mim me foi entregue, e o dou a quem quero; portanto, se me adorares, tudo será teu. Jesus respondeu-lhe: Vai-te, Satanás, porque está escrito: Adorarás ao Senhor, teu Deus, e só a ele servirás (Lucas 4:5-8).

Satanás estava oferecendo a Jesus aquilo que era Sua herança por direito — os reinos do mundo — e Ele poderia tê-los facilmente se simplesmente o adorasse. Dizia a Jesus que poderia ter Seu direito de um jeito mais fácil do que aquele de ter que passar pela agonia da cruz. Se só dobrasse os joelhos, Jesus poderia ter tudo aquilo pelo qual viera à Terra e poderia tê-lo imediatamente.

Atacava assim, essencialmente, à paternidade de Deus. O que dizia simplesmente era: "É tirânico que Teu Pai te chame para a morte e crucificação quando Tu não fizeste nada para merecê-lo. Se Tu me aceitasses como Teu pai, eu seria um pai muito melhor. Na verdade, dar-te-ia tudo que Teu Pai está Te oferecendo e simplesmente Te pediria que me amasses. Tudo o que quero é Teu amor. Mas isso não é o suficiente para Teu Pai; Ele ainda

---

1 Para uma maior reflexão veja: *Pain, Perplexity and Promotion: a prophetic interpretation of the book of Job*, disponível em www.oasishouse.net (ainda não disponível em português). Este é um livro apaixonado com uma mensagem emocionante sobre a relevância deste livro para a atualidade.

quer que Tu sofras. No entanto, para mim basta que me ames. Só me ames e me adores e me receberás como Teu pai e eu Te darei Tua herança da forma digna que mereces".

Sua oferta não era nada mais que mentiras vazias e Jesus sabia disto. Ele se recusou a renunciar à Sua lealdade ao Pai celestial. Não se dobraria a Satanás, nem mesmo sob pressão. Quando foi chamado a dar sua vida, Lúcifer se recusou e se voltou contra Deus. Agora o Pai estava chamando Jesus para dar Sua vida, e Satanás O tentava a dar a mesma resposta que ele.

Satanás foi desleal a Deus, mas não conseguiu persuadir a Jesus a se juntar a ele. No entanto, sua deslealdade tem sido fonte de grande sofrimento e dor para o Senhor. Ele lhe dera tanta coisa! As descrições de Ezequiel 28 parecem uma dica sobre como Deus favoreceu Lúcifer com mais glória e honra do que a qualquer outro anjo. Parece que o Pai não poupou nada a não ser Seu trono. E mesmo assim era isso que Lúcifer queria. *Sua rebelião foi muito doída para Deus e fez com que Seu coração buscasse como conceder glória à Sua criação sem que ela se voltasse contra Ele.*

Satanás É Substituído

A história infeliz de Deus com Lúcifer se tornou o pano de fundo sobre o qual o Senhor conceberia o plano de redenção para a humanidade. Ele queria produzir uma criação sobre a qual pudesse derramar de forma segura a total extensão das Suas afeições e glória, mas que nunca se levantaria em orgulho e infidelidade como fez Lúcifer. Como poderia fazer isso? A resposta se achou em permitir-lhes que nascessem em infidelidade deliberada para depois conquistar-lhes para um lugar de fidelidade voluntária.

Através do pecado o homem nasce em estado de destituição, aflição, desespero e tormento. Jesus veio para nos salvar da nossa condição e nos trazer para a corte celestial. Deus estrategicamente desenvolveu a salvação que produziria nos homens e mulheres redimidos um coração de infinita aliança de amor com Aquele que os resgataria das trevas e do desespero. Ah! Que maravilha o amor voluntário que é dado liberalmente do coração das pessoas fracas, quebrantadas e pobres!

Já provamos o gosto devastador do fruto da infidelidade e também provamos a gloriosa alegria da fidelidade em amor que é dado de forma abundante a nosso Salvador e Amigo. Depois de ter bebido do fel da deslealdade o homem redimido nunca mais se levantará em insurreição contra Deus. Nossa lealdade será pura e eterna. Nós seremos dEle para sempre! Seremos eternamente leais a nosso Noivo porque Ele conquistou nossos corações através do amor.

Alguns dos versículos mais fortes da Bíblia são dirigidos aos crentes que dão sua lealdade a Cristo e depois traem Seu amor e se afastam em infidelidade.[2] Isso acontece porque Deus foi fiel a você — sacrificando Seu Filho no Calvário, se recusando a receber as acusações do inimigo contra você e não deixando que ninguém o arranque de Sua mão — e agora exige fidelidade em retribuição. O Senhor não tem lugar para a infidelidade no Seu céu.

Deus conhece a dor incalculável de ter um terço dos anjos celestes se voltando contra Ele em deslealdade. Porém, agora está preparando uma alegria acima de toda a alegria — uma criação caída que está sendo preparada como uma Noiva que dará para sempre seu amor voluntário e eterno a seu Amado.

"O coração conhece a própria amargura, e o estranho não se entremeterá na sua alegria" (Provérbios 14:10). Ninguém a não ser você mesmo conhece a amargura íntima de sua dor. O mesmo vale para Deus. Ninguém conhece a amargura de alma que Deus experimentou por ocasião da queda de Lúcifer e da deslealdade dos seus anjos. Mas também é verdade que nós ainda não conhecemos a alegria do coração do Senhor pelos filhos redimidos que agora estão chegando à Sua família. Nenhum estranho jamais conhecerá essa alegria do coração de Deus. Você, no entanto, não é um estranho; você faz parte da família! Quando o propósito redentor do Pai estiver cumprido, nós entraremos na magnífica felicidade do coração divino por causa de toda uma família que será unida, para sempre, em aliança de amor. Não temos sequer ideia da riqueza de glória e bondade que Deus tem preparado para aqueles que O amam! Aleluia!

Para discussão em grupo:

1. Converse sobre o que você entende sobre a vida de Jó, já que a fidelidade é o assunto mais importante deste livro.
2. Como a fidelidade de Cristo ao Pai o desafia, especialmente considerando que ela envolveu a crucificação?
3. Você acha que ainda poderia ser tentado a se desviar de sua lealdade a Cristo?

---

2   Hebreus 6:4-6 e 10:26-31

Capítulo 6

Deus É Um Grande Amigo

Quando você coloca sua fé no evangelho de Jesus Cristo e seu amor sob Jesus, seu Redentor, algo poderoso acontece nos céus: Deus pega a fidelidade flamejante que tem por Seu Filho e a transfere para você. Jesus testificou disto: "o próprio Pai vos ama, visto que me amastes e crestes que saí de Deus"[1].

Sua fidelidade é tão firme e Seu apego à sua vida tão constante que ninguém pode tirá-lo das mãos do Pai[2]. Ele canta para você: "Com amor eterno te amei; por isso, com amorável benignidade te atraí" (Jeremias 31:3). E acrescenta: "Não te deixarei, nem te desampararei" (Hebreus 13:5). Alegre-se e celebre esta verdade: *Deus lhe é fiel, e lhe dá poder para ser fiel a Ele!*

A história da redenção tem tudo a ver com a fidelidade:
- O Pai é fiel ao Filho.
- O Filho entrega Sua vida para a morte em obediência ao Pai.
- Quando homens e mulheres expressam fé em Cristo, eles dão seus corações em fidelidade a Ele.
- O Pai dá aos redimidos a mesma fidelidade que dá a Seu próprio Filho.

Você Quer Deus Como Amigo!

Precisa de um amigo? Deus é um excelente amigo! Ele é mesmo! Quando Ele se torna seu amigo você possui o que há de mais valioso no universo — a lealdade dEle.

---
1 João 16:27. Veja também em João 12:26, 14:21, 17:23.
2 João 10:29

Davi foi um homem que teve isso e muitas gerações foram abençoadas como consequência deste fato. Houve vezes em que Deus se inclinou para julgar o povo por causa de seu pecado, mas então se lembrou de Sua aliança com Davi e demonstrou misericórdia[3]. O Senhor simplesmente disse ao povo: "A única razão porque estão sendo abençoados agora é por causa de minha fidelidade a Davi".

Deus honrou Sua fidelidade a Abraão da mesma forma. O Senhor disse a sucessivas gerações que estaria com eles e os abençoaria especificamente porque estava guardando Sua lealdade a Seu amigo[4]. *A questão aqui é que quando Deus é fiel a você, Ele lhe dá uma herança espiritual em cada geração vindoura.*

Há uma história em especial sobre Abraão que demonstra a fidelidade incomum de Deus a Seus amigos. Na realidade tudo aconteceu na época em que seu nome ainda era Abrão. Esse patriarca tinha receio de que o rei da terra, Abimeleque, veria como sua esposa era bonita e o mataria a fim de se casar com ela. Assim, Abrão disse à sua esposa, Sarai, que ele afirmaria que ela era sua irmã para preservar sua própria vida, com o que Sarai concordou[5]. Quando Abimeleque pôs seus olhos nela e ouviu que era irmã de Abrão, imediatamente a levou para sua casa e começou os preparativos para levá-la a seu harém.

Mas Deus veio a Abimeleque em sonho e disse: "Você é um homem morto — pois levou a esposa de outro homem para sua casa"[6].

Abimeleque respondeu: "Senhor, é prática Tua ir por aí matando nações inteiras de pessoas justas? Eu nem toquei aquela mulher".

O Senhor disse: "Você está morto".

O rei protestou imediatamente: "Mas Senhor, ele me disse que ela era irmã dele, e ela o confirmou".

Deus disse: "Você está morto".

Abimeleque retrocedeu: "Senhor, eu o fiz em total integridade e com mãos inocentes".

"Sim, eu sei disso", foi a resposta. "Mas esse homem é um profeta. Então devolva-lhe a esposa ou você certamente morrerá, junto com todos o que são seus".

---

3   1 Reis 11:12-13, 36; 2 Reis 8:19, 20:6
4   Gênesis 26:3-5, 27; Êxodo 2:24; Salmo 105:42
5   Gênesis 20
6   Gênesis 20:4

Fico pensando com meus botões: "Senhor, tu não estás sendo um pouco duro com Abimeleque? Quero dizer, Abrão é que fez errado aqui. Ele é a pessoa que mentiu e se acovardou por causa do medo. O rei é o cara certo da história. Então, por que está sendo tão duro com ele?"

Posso imaginar a resposta do Senhor: "Porque Abrão é meu amigo. Eu o conheço e ele me conhece. E eu sempre fico do lado de meus amigos".

Deus foi leal a Abrão *mesmo quando ele estava errado.*

Se este é o tipo de fidelidade que jorra do coração de Deus, então quero que Ele me seja leal, também. Porque preciso de um Deus que seja meu Amigo mesmo quando eu cometo erros tolos (o que é bem frequente).

Este é o Deus que conquistou minha fidelidade.

Para discussão em grupo:

1. O que ser amigo de Deus quer dizer para você?
2. Sua graça e fidelidade o consolam e o fazem sentir seguro em Seu amor?
3. Que tipo de sentimentos ou pensamentos a história de Abraão provoca em você?

Capítulo 7

Qualidade de Caráter que Deus Promove

Uma das razões por que queremos ser fiéis a Deus é porque Ele recompensa a fidelidade com uma maior responsabilidade. Na verdade, há várias qualidades de caráter que são especialmente importantes para Deus. A fidelidade é só uma delas. *Quando Deus encontra um vaso que esteja andando diante dEle em integridade, Ele promove esse servo a lugares de responsabilidades mais nobres e maior servidão.*

Sirva um pouco e Ele lhe dará mais formas de servir. Lide adequadamente com o que Ele lhe deu e Ele lhe dará ainda mais. "Porque a qualquer que tiver, mais lhe será dado, e terá em abundância" (Mateus 25:29).

Quando Deus pensa sobre a qual vaso devem ser confiadas maiores medidas de serviço Ele não procura por sinceridade, paixão, talento ou grau de instrução. Em vez disso procura por *caráter*. A principal questão para Deus é se o vaso evidencia *crescimento de caráter*. Essa pessoa está se tornando mais parecida com Jesus? Está manifestando cada vez mais as qualidades de caráter de Cristo? Quando a resposta é sim, Deus irá levá-la ao próximo nível de teste e desenvolvimento interior.

Ao observarmos o Salmo 101 podemos descobrir as qualidades de caráter que Deus está buscando.

Um Salmo Sobre Critérios de Liderança

Neste Salmo, Davi irá detalhar as qualidades que ele procura enquanto escolhe líderes.

"Aquele que difama seu próximo às escondidas, eu o destruirei; aquele que tem olhar altivo e coração soberbo, não tolerarei. Meus olhos procurarão os fiéis da terra, para que estejam comigo; o que anda em um caminho reto, esse me servirá. O que usa de engano não ficará dentro da minha casa; o que fala mentiras não estará firme perante meus olhos" (Salmo 101:5-7).

Davi está falando daqueles que convidava para estar com ele, ou para entrar em sua casa — isto é, para fazer parte do círculo íntimo de liderança. O que diz basicamente é: "Essas são as características de caráter que procuro enquanto formo minha equipe de liderança. Quando indico alguém para um lugar de serviço, deixe-me informá-lo do tipo de pessoa que procuro".

Alguém pode perguntar: "Não é meio estranho escrever uma canção de adoração sobre critérios para a escolha de líderes?" É verdade. Não é o tipo de prosa lírica que esperaria encontrar nas músicas de louvor da atualidade. No entanto, tenha em mente que as canções daquela época eram usadas como um dos principais métodos para ensinar às crianças e aos adultos as verdades da aliança. Eles não possuíam livros ou livros didáticos como temos hoje em dia, então a maior parte da instrução era conduzida oralmente através de poesia, músicas e memorização diária. Davi se preocupava tanto sobre as qualificações para liderança que quis que esse tema fosse lembrado por todas as gerações.

Os Cinco Principais Critérios de Liderança de Davi

Vejo pelo menos cinco qualidades que Davi valorizava na vida daqueles que compunham sua equipe de liderança: lealdade, humildade, fidelidade, sinceridade e veracidade. Vejamos cada uma individualmente.

Lealdade

Aquele que difama seu próximo às escondidas, eu o destruirei (verso 5a).

Mesmo que Davi não use a palavra "lealdade" aqui, essa é a linguagem que ele usa. Aquele que difama seu próximo é aquele que não é leal às suas relações terrenas. O amigo leal não é inclinado à difamação. Ao invés disso, faz tudo que está ao seu alcance para promover a boa reputação do seu amigo. O rei começa sua lista dizendo que não toleraria a deslealdade patente da difamação entre seus líderes.

Ao levantar a questão da lealdade em primeiro lugar, é óbvio que essa era uma qualidade muito importante para Davi. Sua própria experiência o ensinou o quanto essa característica é valiosa. Enquanto servia Saul havia aprendido que não era suficiente ser um matador de gigantes e o tema de canções das donzelas. Mesmo que tenha se empenhado em força em favor do povo e tenha sido um poderoso libertador para eles, eles haviam conspirado conjuntamente com Saul contra sua vida.

Não, força e habilidade não eram o suficiente. Acima de tudo, Davi queria lealdade em sua equipe de liderança.

Humildade

Aquele que tem olhar altivo e coração soberbo, não tolerarei (verso 5b).

Davi hesitava em trazer para posições de liderança aqueles que se autoestimavam de forma que revelasse uma atitude altiva.

Deus também tem o hábito de promover a humildade. As Escrituras dizem: "Deus resiste aos soberbos, mas concede graça aos humildes. Humilhai-vos, pois, debaixo da potente mão de Deus, para que a seu tempo ele vos exalte" (1 Pedro 5:5-6). Quando adotamos a humildade nós nos qualificamos para sermos exaltados "a Seu tempo". Pessoas humildes se apropriam das palavras de Cristo: "Sem mim nada podeis fazer". Percebem que não importa quão fortes sejam seus dons e talentos, todos seus esforços serão ineficazes se Deus não estiver construindo a casa.

Se você for um líder desenvolva a percepção da humildade. Perceba quando ela está ausente e quando está presente. Quando notar arrogância em um dos servos, não o minimize como algo insignificante. O orgulho jamais deve ser promovido. Quando discernir um membro de sua equipe que seja realmente humilde, você terá encontrado um vaso que é seguro para que seja promovido a maiores responsabilidades. *Não cometa o erro de achar que a promoção irá ajudar o vaso a aprender essa qualidade.* Assegure-se primeiramente de que ela já esteja lá. Se Deus espera a humildade antes de promover alguém, então nós devemos fazer o mesmo.

Fidelidade

Meus olhos procurarão os fiéis da terra, para que estejam comigo (verso 6a).

Davi estava buscando a fidelidade e os líderes sábios da atualidade farão da mesma maneira. A pessoa é fiel para executar pequenos detalhes com diligência e precisão? Ela é uma mulher de palavra? Ele prossegue para completar a tarefa sem ter que ser monitorado? Não precisamos de pessoas que acham que são um presente de Deus para a humanidade; precisamos de pessoas que sirvam com diligência e fidelidade.

Deus promove a fidelidade. Quando vê um servo que é fiel e perseverante em cumprir com todas suas responsabilidades diz a essa pessoa: "Sobre o pouco foste fiel, sobre muito te colocarei" (Mateus 25:21). Em outras palavras, Deus eleva a fidelidade a níveis maiores de responsabilidade.

Se Deus faz isso, os líderes também deveriam promover aqueles que são mais fiéis em nossa equipe. *Não promova meramente o talento; promova a fidelidade.* Desenvolva a percepção para ela. Quando a vir, sinalize-a. Você provavelmente está olhando para um servo que será promovido para um serviço ainda maior a seu tempo.

Sinceridade

O que anda em um caminho reto, esse me servirá (verso 6b).

Aqui Davi está mostrando a qualidade de caráter de santidade ou ausência de culpa. Um homem que andasse de forma que estivesse acima da reprovação aos olhos dos outros seria trazido por Davi para seu círculo íntimo.

Deus também sente da mesma forma. Ele também promove a sinceridade. Deus é santo e verdadeiro (Apocalipse 6:10) e quando vê pessoas que são santas e verdadeiras Ele as traz para mais perto de Sua presença e as promove a maiores medidas de serviço. A santidade é uma qualificação essencial para liderança. Nunca promova alguém que não a tenha.

Veracidade

O que usa de engano não ficará dentro da minha casa; o que fala mentiras não estará firme perante meus olhos (verso 7).

A honestidade é uma qualidade absolutamente crucial de ser demonstrada pelos líderes. Nenhuma mentira é pequena. O próprio Davi havia praticado uma dose de mentira em sua história, mas aprendeu que ela nunca garante o favor divino. Agora ele queria homens íntegros em sua equipe — homens que falassem a verdade.

O rei queria que aqueles que o servissem em sua corte real evidenciassem essas cinco qualidades de caráter. Uma das razões para isso pode ser que ele reconhecesse que elas eram características que o próprio Deus desejava que houvesse diante de Seu trono.

No Salmo 15 Davi escreveu sobre o caráter da pessoa que Deus convida para Seu círculo íntimo.

Senhor, quem habitará no teu tabernáculo? Quem morará no teu santo monte? Aquele que anda sinceramente, pratica a justiça e, de coração, fala a verdade. Aquele que não difama com a sua língua, nem faz mal ao seu próximo, nem aceita nenhuma afronta contra seu próximo (Salmo 15:1-3).

Deus Promove a Lealdade

A quem Deus eleva à habitação da Sua presença? O Salmo 15:3 diz que Ele traz para sua intimidade o homem que não "aceita nenhuma afronta contra seu amigo". Esta frase descreve uma pessoa leal. Aquele que é fiel a seu amigo irá perceber logo uma acusação ou afronta contra ele porque o conhece. O espírito leal dirá: "Não, isso não está certo. Eu conheço o João. Ele não se porta desta forma. Ele é meu amigo e sei que jamais faria intencionalmente o tipo de coisa que você está dizendo que ele fez". *Uma pessoa leal não aceitará ofensa ou afronta contra seu amigo porque a lealdade coloca mais peso na integridade do amigo do que na credibilidade da acusação.* Para o amigo leal o ônus da prova está com o acusador. A menos que esse possa apresentar evidência suficientemente convincente, a afronta será dispensada por causa do relacionamento que a lealdade construiu. E mesmo que a acusação se prove verdadeira, o verdadeiro amigo confrontará e buscará a verdade em lealdade e amor.

Uma parte importante de ser um bom amigo é ser leal. Davi estava afirmando que *Deus eleva a Seu círculo íntimo aqueles que são leais aos seus amigos humanos.* Parece que o Senhor pensa que quem é leal a seu amigo na Terra será leal, semelhantemente, a seu Amigo celestial.

Deus identifica o leal para que seja promovido. "Porque, quanto ao Senhor, os seus olhos passam por toda a terra, para mostrar-se forte para com aqueles cujo coração é íntegro para com ele" (2 Crônicas 16:9). O Senhor está sempre perscrutando o mundo para encontrar servos que Lhe sejam verdadeiramente leais. Quando encontra essa lealdade em amor, Ele os ergue e Se mostra forte a seu favor. O líder sábio pegará essa dica do estilo de liderança de Deus e esperará para promover alguém até que veja qualidades permanentes como fidelidade, humildade e lealdade na vida deste membro.

Veja a lição de Coré. Ele queria ser promovido por Deus ao lugar que Aarão ou Moisés tinham sobre o povo. Mas o Senhor não o promoveria porque ele só era fiel a si mesmo. Se tivesse sido o líder e Deus lhe dissesse: "Coré, vá para o lado porque eu vou destruir toda a nação de Israel e trazer outra nação através de você", ele teria aceitado a oferta. Teria dito: "Eis-me aqui, Senhor, Teu servo fiel; faça-se a mim conforme a Tua palavra". Mas Deus não precisava deste tipo de homem como líder. Precisava de um homem leal como Moisés que, quando Deus falou em destruir a nação, se colocou na brecha e desviou a ira divina[1]. *O servo desleal nunca será o intercessor que Deus precisa, então nunca será promovido por Deus.*

Procure por lealdade naqueles homens a quem promoverá aos seus principais níveis de liderança. Pode ser que não desfrute do luxo de ter lealdade entre aqueles que servem em níveis secundários ou terciários de liderança, mas é crucial que os que estão no seu centro íntimo de líderes sejam leais em amor a você.

Os que não entendem os princípios de liderança podem achar sua seleção de líderes principais exclusivista e cheia de favoritismos. Mas quem é sábio já entendeu que não devemos promover alguém simplesmente porque ele ou ela tenham um cargo e influência no sistema. Cargos não garantem lealdade. Assim o líder sábio pode escolher promover uma pessoa leal com menos experiência em vez de alguém que tenha conhecimento institucional, mas que é falto de um coração verdadeiramente leal.

Gostaria de encerrar este capítulo com um exemplo atual de alguém que fora promovido por causa da lealdade e é Larry Hill que me vem à mente. Um amigo me mostrou uma carta que recebera do Dr. Larry, diretor executivo do Instituto Cristo para as Nações em Dallas, Texas, convidando-o para vir falar em seu campus novamente. Larry escreveu para meu amigo: "O Comitê para Palestrantes Convidados e a família Lindsay, gostariam muito que você voltasse ao ICPN e ministrasse a nossos alunos". Fiquei impressionado sobre a maneira que Larry mencionou "a família Lindsay". O Instituto Cristo para as Nações foi fundado por Gordon e Freda Lindsay, e atualmente é dirigido pela senhora Lindsay e seu filho, Dennis. Larry estava honrando seu legado

---
1 Salmo 106:23

e liderança em sua carta. Ele é um poderoso ministro do evangelho por si só e não precisaria seguir na sombra dos Lindsay para estabelecer sua própria plataforma ministerial. Mas estava honrando o fato de que está em um lugar de confiança que lhe foi conferido por esta família. Até mesmo uma simples carta convite refletiu sua lealdade pessoal a eles. Por causa desta lealdade ele é confiável para servir como principal líder executivo de um dos Institutos Bíblicos mais poderosos nos Estados Unidos. Sua lealdade foi recompensada com um lugar de mais serviço.

Para discussão em grupo:

1. Você acha que as qualidades de caráter do Salmo 101:5-7 são importantes na escolha de líderes?
2. Há outras qualidades que você gostaria de acrescentar a estas cinco?
3. Você pode lembrar de uma vez em que errou em promover alguém que não havia demonstrado lealdade? Quais foram as consequências?
4. Você concorda com esta afirmação sobre Coré: "O servo desleal nunca será o intercessor que Deus precisa, então nunca será promovido por Deus"?
5. Discuta a afirmação: "Cargos não garantem lealdade". O que isso significa para sua equipe?

Capítulo 8

Lealdade e Amor

A lealdade está ligada ao amor[1]. Onde houver lealdade, haverá amor. Um não existe separadamente do outro.

A Bíblia diz que o amor "Tudo sofre, tudo crê, tudo espera, tudo suporta" (1 Coríntios 13:7). A fidelidade é uma forma bastante intensa de amor, então podemos afirmar que ela "tudo crê" — isto é, sempre crê no melhor no próximo. Quando os rumores procuram desacreditar alguém, a fidelidade tem mais fé na pessoa do que nos rumores. Também crê na sinceridade do motivo do outro, de forma que mesmo que os fatos pareçam incriminadores ela continuará a acreditar que as intenções da pessoa amada são nobres.

Tu Me Amas?

Sabedores de que o amor e a fidelidade estão interligados, a grande questão pungente de todas as Escrituras é a pergunta que Jesus fez a Pedro: "Amas-me?" (João 21:15). Ela se torna a principal pergunta para a sondagem de alma de todas as eras. Jesus chega a um homem que acabara de negá-lo três vezes e o confrontou com a questão de fidelidade. O Senhor sabia que o Espírito Santo viria no Pentecoste para selar a fidelidade de Pedro, mas neste momento queria que o discípulo sondasse seu coração.

---

[1] Jesus fez uma ligação clara entre amor e lealdade. Como mostramos anteriormente, Ele disse: "Ninguém pode servir a dois senhores, porque ou há de odiar um e amar o outro, ou se dedicará a um e desprezará o outro. Não podeis servir a Deus e a Mamom" (Mateus 6:24). A construção paralela do argumento de Cristo coloca as palavras "amor" e "dedicação" juntas. O que está dizendo é que amar um mestre e ser-lhe leal, são sinônimos.

A pergunta ecoa pelos corredores dos séculos até você e eu: "Tu me amas?" Não há pergunta mais importante a ser respondida, agora ou aos pés do trono de Cristo. Tem tudo a ver com a lealdade.

Quando Pedro afirmou seu amor e lealdade a Cristo, a resposta que recebeu foi: "Apascenta as minhas ovelhas" (João 21:17). Jesus estava dizendo: "Se você é fiel a mim, evidenciará sua fidelidade ao servir e alimentar àqueles a quem amo. Lealdade a Mim significa que você se disporá a morrer por eles, mesmo que Eu já o tenha feito". É por isso que não pode haver elementos de autopreservação na lealdade; ela se dispõe a entregar sua vida.

A Mais Elevada Forma de Amor

A fidelidade não teme dizer: "Eu te amo". Nem hesita em demonstrar seu amor em ações concretas. No entanto, ela vai além disso. Sim, é uma expressão de amor, mas é mais do que só amor. Deixe-me explicar.

A Bíblia nos ordena a amarmos ao próximo — devemos amar fervorosamente nossos irmãos e irmãs em Cristo (1 Pedro 1:22), devemos amar aos pecadores (Lucas 15:2-4) e até a nossos inimigos (Mateus 5:44). É-nos ordenado a amarmos uns aos outros com um verdadeiro amor *ágape*, que não é egoísta e dá preferência ao outro em vez de a si mesmo. No entanto, nunca nos foi mandado que fôssemos leais uns aos outros. Por que não? Porque se por um lado *o amor pode ser ordenado, a lealdade não o pode*. Ela é uma forma intensa de amor que não pode ser simplesmente gerada pela determinação ou força de vontade.

Se é verdade que devemos amar a todos, é também verdade que é impossível ser leal a todos. Amamos todo mundo, mas somos leais a uns poucos. A lealdade ama, mas vai um passo além do amor. Por exemplo, tenho muitos amigos a quem amo sinceramente, mas tenho uma fidelidade a minha esposa e filhos que opera em um nível mais elevado. Se for forçado a escolher entre um amigo e minha esposa, a fidelidade a ela irá vencer. Da mesma forma como há vários graus de amor, há intensidades diferentes de fidelidade.

O amor é incondicional e universal; a lealdade é seletiva. O primeiro é direcionado a todos os homens, a segunda a poucos.

A *fidelidade é o amor à segunda potência*. É o amor *ágape* ao quadrado. É tão nobre, pura, honrada e desejável que não pode ser ordenada, exigida, esperada, planejada, fabricada ou criada. É um dom de Deus. Quando o Senhor a concede, há lealdade; quando Ele não a dá, nenhuma quantidade de esforços poderá produzi-la.

João escreveu sobre o "perfeito amor" (1 João 4:18). Não há dúvida de que quando o amor é aperfeiçoado em nós, a fidelidade irradia do coração com brilho e pureza.

A diferença entre amor e lealdade é vista no amor que Rute e Orfa tinham por sua sogra Noemi. Orfa a amava sinceramente e chorou profundamente quando Noemi indicou que voltaria para sua cidade natal, Belém. Esta nora até mencionou que iria acompanhar a sogra até este local, dizendo: "Certamente voltaremos contigo para teu povo" (Rute 1:10). No entanto, Noemi prosseguiu com um argumento longo e convincente do por que isso não seria o melhor para elas. Finalmente Orfa aquiesceu e deu um beijo de adeus em sua sogra. Seu amor por Noemi era forte, bonito e não podia ser refutado.

Rute também amava sua sogra. Mas sua afeição por ela foi além do amor; ela se estendeu para a fidelidade. Mesmo depois dos mais convincentes argumentos de Noemi, a moça se recusou a deixá-la. Finalmente disse o que é normalmente reconhecido como uma das mais belas afirmações de lealdade de toda a Bíblia:

Não me instes a te abandonar e deixar de te seguir. Porque, aonde quer que fores, irei e, onde quer que pousares à noite, ali pousarei. Teu povo é meu povo, e teu Deus é meu Deus. Onde quer que morreres, morrerei, e ali serei sepultada. Faça-me assim o Senhor, e outro tanto, se outra coisa que não seja a morte me separar de ti (Rute 1:16-17).

Noemi sabia que nunca poderia esperar ou pedir esse tipo de lealdade de suas noras. Isto era amor, mas foi demonstrado de forma tão intensa que lhe tocou profundamente o coração. As duas ficaram para sempre inseparáveis.

Jônatas tinha uma afeição semelhante por Davi. Não pode haver outra explicação para isso a não ser que Deus, de forma soberana, colocou a fidelidade dentro do coração deste amigo de Davi.

Sucedeu que, acabando ele de falar com Saul, a alma de Jônatas se ligou à alma de Davi; Jônatas o amou como à sua própria alma... Jônatas e Davi fizeram aliança, porque Jônatas o amava como à sua própria alma. Jônatas se despojou da capa que trazia sobre si e a deu a Davi, como também a sua armadura, sua espada, seu arco e seu cinto (1 Samuel 18:1, 3-4).

Jônatas ligou seu coração ao de Davi porque ouvira sobre a nobreza deste homem.

Onde quer que haja um Davi, você provavelmente encontrará um Absalão e um Jônatas. Absalão vem como parte do pacote para os Davis de Deus. O Senhor usa a deslealdade deles para manter Seus Davis quebrantados e humildes em meio às promoções e grandes vitórias espirituais. E onde houver um Davi haverá um Jônatas. Este amigo era leal mesmo que soubesse que Davi seria o próximo rei no seu lugar. O amor de Jônatas era leal e verdadeiro. Que coisa gloriosa é quando Deus dá a Seus Davis aqueles Jônatas que lhe serão leais em espírito e que irão amá-lo mesmo que isso signifique que a medida de Davi irá preceder à sua própria.

Algumas vezes a lealdade é violada, prejudicada ou até destruída. Porém, mesmo nas situações em que tenha sido rompida, o amor ainda permanecerá. *Nunca há razão suficiente para deixar de amar.* "O amor nunca acaba" (1 Coríntios 13:8). Quando Davi não pôde mais ser fiel a Saul, nunca deixou de honrá-lo com um amor santo.

Para discussão em grupo:

1. Discuta sua compreensão da relação entre fidelidade e amor.
2. "*A fidelidade é o amor à segunda potência.*" Você concorda? Você já viu esse tipo de amor sendo demonstrado?
3. Olhe as palavras de lealdade de Rute a Noemi. Como esta passagem fala do relacionamento dentro do seu grupo? Há alguma situação em que você poderia temer dizer as mesmas palavras? Se sim, por quê?
4. Como Cântico dos Cânticos 8:6 pode ser interpretado como uma figura da lealdade a Cristo e de Sua lealdade a nós? (Leia este versículo como se fosse você falando a Jesus, e também Jesus falando as mesmas palavras para você).

Capítulo 9

A Fidelidade a Deus Será Provada

Se você permanecer por tempo suficiente com Deus, em algum momento sua fidelidade a Ele será testada. Levou os três anos do ministério terreno de Jesus e no final todos ficaram ofendidos com Ele — as multidões, Sua família, Seus discípulos, os líderes religiosos — todos. É tudo uma questão de tempo. A ofensa é parte do teste de lealdade. "Tu me amas?" o Senhor irá provar sua fidelidade para fortalecer e purificar seu amor.

Deus usou Sua sabedoria ao fortalecer o casamento com votos de aliança, porque muitos casais acabam se ofendendo um com o outro. Depois do término da lua de mel, os cônjuges começam a descobrir características um no outro que não sabiam que existiam. Sem fidelidade muitos casamentos iriam ruir. É a fidelidade aos votos que sustenta os casais até que cheguem ao ponto de celebrar a singularidade um do outro.

O mesmo acontece em nosso relacionamento de aliança com Deus. As coisas podem começar com uma nota positiva. Então, os anos se passam, o Senhor pode permitir que algumas coisas aconteçam conosco que irão nos ofender. Começamos a perceber que há aspectos na personalidade de Jesus que são diferentes do que achávamos. Daí Ele nos pergunta: "Você me ama?" A fidelidade irá conduzir nossos corações através dessa ofensa até que venhamos a conhecer Cristo de forma mais profunda do que antes. Algumas vezes a fidelidade se ofende realmente; mas, por outro lado, sempre persevera. Quando a prova terminar estaremos mais enamorados do que nunca.

Questionando o Estilo de Liderança de Deus

Em uma palavra, o que prova nossa fidelidade a Deus é a tribulação. A fidelidade é provada quando a bondade do Senhor entra em questionamento. Se há algo dentro de nós que possa duvidar disto, a tribulação irá expô-lo. A dor tem um jeito todo especial de revelar o que está debaixo da fachada. É quando o caminho diante de nós parece ser cruel que descobrimos nossas verdadeiras convicções sobre o caráter e a bondade de Deus.

A fidelidade ao Senhor, em última análise, tem a ver com se iremos ou não adotar Seu estilo de liderança. Deus guia Sua família de forma diferente, às vezes, do que poderíamos esperar. As Escrituras dizem que agradou ao Pai moer Seu Filho, Jesus Cristo[1]. Quando Deus estiver moendo você (algo comum ao Seu estilo de liderança), você vai permanecer fiel a Ele?

Quando Ele nos disciplina é muito tentador começar a duvidar se Ele está tratando as questões da nossa vida com sabedoria e se está nos guiando no caminho certo e no tempo certo. Quando questionamos Sua liderança, estamos bebendo do cálice de Lúcifer.

Em meio à maior dor, o coração fiel sustenta que Deus é bom. O maior exemplo desta verdade é o próprio Jesus. No Seu momento de maior sofrimento, quando estava para exalar seu último fôlego na cruz, Ele ofereceu Seu coração a Deus com estas palavras de absoluta confiança e fidelidade inabalável: "Pai, nas tuas mãos entrego o meu espírito" (Lucas 23:46). O que dizia, basicamente, era: "Mesmo que Tu me mates, continuo a amar-Te, porque Te conheço. E sei que és bom". Nenhuma injustiça aparente poderia abalar o coração de Jesus. Seu conhecimento do Pai o capacitou a ser fiel até o fim.

Deus ainda prova a lealdade de Seus servos com a cruz. Ele os convida para compartilhar dos sofrimentos de Cristo, um sofrimento que testa a determinação de nossa fidelidade. Quando ela estiver aprovada, Deus poderá confiar a Seus escolhidos maiores medidas de responsabilidade.

Inicialmente, quando somos disciplinados por Deus, nosso espírito irá se fechar em um modo de autoproteção e, muito provavelmente, iremos questionar a bondade de Deus. Mas, assim como Jó, começaremos uma jornada espiritual para encontrar um espírito aberto ao Senhor em meio a dores incríveis. A chave para isso está em darmos constantemente a Ele nossa face, nosso coração e nosso amor. Se o fizermos, Ele nos restaurará a devoção. Jó encontrou um espírito receptivo quando finalmente pôde dizer: "Mesmo que me mate, nele esperarei!" (Jó 13:15).

---
1 Isaías 53:10

Seremos fiéis a Deus mesmo em meio a um grande sofrimento? Deus usa os problemas da vida para colocar essa pergunta em nossas almas antes de entrarmos para a glória. Ele quer trazer à glória muitos filhos que emergiram da prova de fogo mantendo a convicção de que Deus é bom e fiel. Quer a questão da fidelidade resolvida aqui na terra para que não tenha que repetir o incidente de Lúcifer tudo de novo, só que com a humanidade. O Senhor trabalha para levantar adoradores que O amam, que ficam surpresos pela sabedoria dos propósitos divinos e cativados com admiração sobre a maravilha de Suas decisões e julgamentos. Estes adoradores irão clamar: "todas as nações virão e adorarão diante de ti, porque teus juízos são manifestos" (Apocalipse 15:4). As decisões de liderança de Deus (Seus juízos) evocam louvor nos corações dos Seus filhos fiéis.

Filhos fiéis concluirão: "Eu não poderia estar em um lugar melhor, Senhor, do que em Tuas mãos! A sabedoria dos caminhos que Tu escolheste para minha vida é impecável, sem defeito e impossível de ser reprovada".

Quando Não Conseguimos Entender a Deus

Será glorioso estar sob a perfeita liderança de Deus no céu. Mesmo que todos tenham gostado do que o rei Davi fez[2], ficaremos ainda mais felizes com o que o Filho de Davi fará quando estiver nos liderando. Porém, acho que haverá momentos quando não entenderemos as decisões de Deus na linha de frente. Algumas pessoas parecem que pensam que o céu será esse lugar onde finalmente entenderemos e concordaremos com a legislação promulgada. Mas o Senhor jamais nos afirmou isso. A evidência indicaria que assim que chegarmos ao céu, Deus irá continuar a tomar decisões que nós às vezes pensaremos serem confusas. Neste momento os anjos continuam a ficar perplexos por muitas das decisões tomadas pelo Senhor (1 Pedro 1:12 revela que os anjos não estão incluídos em todas as estratégias divinas e assim observam o drama terreno com curiosidade entusiasta para ver como os acontecimentos se desenrolarão). Deus é eternamente soberano, e sempre se reservará ao direito de impor decisões sem ter que se explicar antes.

Estou sugerindo que haverá momentos na eternidade quando você poderá pensar: "Uau! Eu jamais faria o que Deus está fazendo agora! Fico imaginando o que Ele pode estar querendo". Você irá confiar nEle em lealdade, ou O questionará? Creio que a eternidade irá continuar a revelar decisões da Divindade que irão nos confundir ou deixar perplexos, nos farão ficar intrigados

---

2 2 Samuel 3:36

e nos atrairão à uma contemplação com fascinação renovada com relação à magnificência da sabedoria e dos caminhos de Deus. Quando cada história estiver concluída estaremos pasmos com a bondade e graça do nosso Senhor.

O fato de que um terço dos anjos celestes se afastou de Deus poderia apoiar a premissa de que o céu não é um lugar onde todas as opiniões de repente, como mágica, ficam idênticas (até Jesus teve que se submeter à vontade do Pai — o que fez com dignidade porque é um Filho fiel — revelando que as diferenças de vontades algumas vezes ocorrem dentro da Trindade). Mas o céu é um lugar onde, por causa das profundas afeições de nossos corações ao lindo Filho de Deus, chegaremos todos a um só juízo[3]. Concordaremos com os juízos divinos simplesmente porque Ele é Aquele que está dizendo que isso é o que precisa ser feito.

Deus usa essa era para nos preparar para a próxima quando observa se vamos seguir aos ministérios que Ele dá ao corpo agora. Ele nos concedeu apóstolos, profetas, evangelistas, pastores e mestres[4] que são por Ele chamados para a liderança no corpo. Às vezes nos pegamos questionando ou até mesmo não concordando com as decisões que eles fazem. Nossa lealdade a esses ministérios aqui na terra é apenas um ensaio para o ministério definitivo. Nossas respostas agora nos preparam para a cidade eterna onde o valor da fidelidade não pode ser exagerado.

Há doze anos (a partir desta escrita) eu esbarrei no Deus que frita nossos circuitos teológicos. Aconteceu-me algo para o qual eu não possuía a base espiritual. O Senhor me permitiu sofrer um problema vocal debilitante que ocorreu no contexto em que eu derramava minha vida em serviço a Ele. Fiquei ofendido com Deus. "Como o Senhor poderia permitir isso acontecer a mim? O Senhor fez isso? E se sim, quem é o Senhor?" Peguei-me questionando se sequer conhecia esse Deus a quem servia.

Sempre busquei ser um adorador de coração e agora via minha adoração sendo desafiada nas suas bases. Poderia eu olhar em Seus olhos e dizer: "Ainda te amo?" Minha fidelidade a Deus tinha sido contestada no âmago do meu ser, mas à medida que perseverei nessa ofensa e Lhe dei meu amor, pude testemunhar que minha lealdade a Ele ficou mais forte que nunca.

Creio que umas das razões porque Deus está provando a lealdade do Seu povo neste tempo é porque está chegando o dia, não falta muito, quando Ele irá derramar Seus juízos sobre a terra e os homens irão ranger os dentes

---

3   1 Coríntios 1:10
4   Efésios 4:11-12

em ira contra o Senhor[5]. Naquele dia, aqueles cuja lealdade a Deus tiver sido aprovada — e tiverem sido purificados — conseguirão ajudar aos outros a interpretarem esses julgamentos como medidas necessárias de um Deus misericordioso e amoroso a fim de produzir a maior colheita de almas possível antes do fim das eras. É por isso que o julgamento começa pela casa de Deus, com Seu povo (1 Pedro 4:17). Quando passarmos essa fase, seremos compelidos a encontrar uma forma para interpretar nossos níveis de dor à luz da bondade do Senhor. Essa compreensão, bem articulada, servirá aos não crentes que estiverem questionando a bondade de Deus no dia da Sua ira. Nesta hora somente os fiéis serão capazes de representar o coração de Deus com precisão para os outros.

A fidelidade ao Senhor nos capacita a passar pela hora da prova e chegar ao lugar onde O conheceremos melhor, ficaremos fascinados com Sua personalidade, O amaremos mais que nunca e seremos ainda mais fiéis no coração. Mas para os que não são leais, a provação pode levá-los a quebrar e a se queimarem. Quando Deus se revela diferente do que esperávamos, a lealdade é o selo no coração[6] que nos conduz pela turbulência e perplexidades até que vejamos os propósitos divinos revelados.

De forma ironicamente contrastante com tudo isso, outra maneira pela qual Deus prova nossa lealdade é através da bênção. A história da nação de Israel revela uma tendência em todos nós. Quando o Senhor começa a abençoar e a lhes dar prosperidade é quando eles se afastam com mais facilidade de sua fidelidade a Ele. Isso é claramente observado na vida do rei Salomão. No começo de seu reinado ele chamou a nação à fidelidade: "E seja o vosso coração perfeito para com o Senhor, nosso Deus, para andardes nos seus estatutos e guardardes os seus mandamentos como hoje" (1 Reis 8:61). Porém, quando Deus o fez próspero seu coração começou a se afastar lentamente do Senhor. É triste, mas é verdade — ele desviou de sua fidelidade a Deus em seus últimos anos. "No tempo da velhice de Salomão, suas mulheres lhe perverteram o coração para seguir outros deuses; e o seu coração não era inteiramente fiel para com o Senhor, seu Deus, como o coração de Davi, seu pai" (1 Reis 11:4). O sucesso tem uma forma insidiosa de corroer nossa fidelidade ao Senhor que até deixou sua marca em um homem tão sábio e ungido quanto Salomão.

Então, quando for o tempo de sucesso ou sofrimento, prepare seu coração: sua lealdade será testada.

---

5   Apocalipse 16:11
6   Cântico dos Cânticos 8:6

Como a Fidelidade de Jacó Foi Provada

Nada parece provar melhor a fidelidade como uma boa e longa espera. Davi aprendeu algo sobre isso quando hesitou, no final de seu reinado, em colocar Salomão como rei. Ele sabia o que Deus tinha feito em sua vida ao colocá-lo para ser perseguido por Saul para tirar sua vida, e ter que viver em cavernas, florestas, no deserto e em fortalezas. Foi uma provação árdua e o preparou para os desafios do sucesso. Mas Salomão não passou por essas provas para ajudar a prepará-lo para o sucesso que estava herdando. Davi hesitou incerto de que Salomão pudesse lidar com ele sem se autodestruir. No final seus medos tinham fundamento. Mas enquanto ele postergou, a espera testou a lealdade de todos em sua corte e acabou revelando a infidelidade nos corações de seu general (Joabe), seu sacerdote (Abiatar) e seu filho (Adonias)[7]. Todos eles se viraram em deslealdade contra Davi e tentaram destroná-lo. Se o rei não tivesse esperado tanto para colocar Salomão, a deslealdade deles nunca seria manifestada.

Semelhantemente a grande prova de fé e lealdade é quando precisamos esperar em Deus por um longo tempo. Quero usar Jacó como nosso exemplo aqui. Esse era um homem que demonstrou sua lealdade a Deus esperando nEle. Um dos aspectos mais fascinantes de sua vida mostrou quantas vezes foi-lhe requerido que esperasse no Senhor pela salvação. Aqui está um resumo simples de sua vida – veja as grandes temporadas de espera pelas quais ele passou.

- Esperou 35 anos, daí Deus fez algo.[8]
- Esperou mais 40 anos, daí Deus fez algo diferente[9].
- Esperou mais 20 anos para que Deus fizesse outra coisa[10].
- Esperou mais 13 anos e o Senhor fez algo de novo[11].
- Esperou mais 22 anos e Deus revelou sua grande salvação (aos 130 anos)[12].
- Desfrutou de 17 anos de abundância dada por Deus (ante de morrer aos 147 anos)[13].

---

7 1 Reis 1:5-53
8 Gênesis 25:29-34
9 Gênesis 28:10-22
10 Gênesis 32:22-32
11 Gênesis 37:31-36
12 Gênesis 46:29
13 Gênesis 47:28

Jacó foi um homem que entrou em aliança com Deus depois de um encontro divino. Estava a caminho de Padã-Arã, tinha parado em Betel para uma noite de sono e foi visitado por Deus em sonho. O Senhor foi o primeiro a falar:

"Eu sou o Senhor, o Deus de Abraão, teu pai, e o Deus de Isaque; esta terra, em que estás deitado, darei a ti e à tua semente. E tua semente será como o pó da terra e se estenderá ao ocidente, ao oriente, ao norte e ao sul, e em ti e em tua semente serão benditas todas as famílias da terra. Eis que estou contigo; te guardarei por onde quer que fores e te farei tornar a esta terra, porque não te deixarei, até que te haja feito o que prometi" (Gênesis 28:13-15).

Jacó ficou tão estupefato pelas promessas de bênçãos de Deus que expressou seu desejo de retribuir:

"E Jacó fez um voto, dizendo: Se Deus for comigo e me guardar nesta viagem que faço, e me der pão para comer e vestes para vestir, e eu em paz tornar à casa de meu pai, o Senhor me será por Deus, e esta pedra que coloquei por coluna será casa de Deus; e, certamente, de tudo quanto me deres te darei o dízimo" (Gênesis 28:20-22).

Jacó estava dizendo: "Deus, se o Senhor fizer assim e assim, então eu farei assim e assim". E o Senhor aceitou o desafio. Vinte anos mais tarde, esse homem voltava à sua terra natal, que foi quando Deus havia concretizado todas as condições para a aliança. Assim o Senhor veio a Jacó para finalizá-la[14]. O patriarca lutou com um Homem a noite toda. Este deslocou seu quadril e mudou seu nome para Israel. Jacó chamou àquele lugar de Peniel ("face de Deus"), pois havia visto Deus face a face e sobrevivido. O que o Senhor estava dizendo era: "Jacó, eu guardei minha parte do trato. Você voltou à sua terra em paz. Agora você será fiel ao seu lado do acordo? Serei seu Deus agora? Você será fiel a mim?" Jacó disse "sim"; e selou a aliança com Deus entregando-Lhe toda sua lealdade.

No entanto, sua fidelidade estava só começando a ser testada. Deus estava para levá-lo para as maiores provas de sua vida. Tudo começou quando o Senhor lhe tirou seu filho preferido, José. Pensava que ele estivesse morto, mas o menino era escravo no Egito. Só se reuniram novamente 22 anos mais tarde.

Então, quando esse tempo estava para se completar, a fome atingiu a terra com tanta fúria que muitas nações ficaram sem comida. Assim como

---

14 Gênesis 32:22-32

outros tantos estrangeiros a família de Jacó foi ao Egito para comprar suprimentos. Mas um homem no Egito aprisionou Simeão e exigiu dos irmãos que só voltassem se trouxessem Benjamim consigo.

Jacó ficou angustiado. Já havia perdido José, agora perdera Simeão e o homem queria Benjamim! "Nunca", clamou. "Só passando por meu cadáver aquele homem colocará as mãos em Benjamim!"

"Pode ser que seja sobre seu cadáver, mesmo", responderam os filhos, "porque essa fome está dominando terrivelmente a terra, e estamos todos perecendo. Se não deixar o menino voltar conosco, todos morreremos".

Israel não só perdera seus dois filhos, mas parecia que o próprio Deus estava contra ele fazendo com que a escassez espremesse a vida de sua alma (porque ele sabia que o Senhor é soberano sobre o clima). Não queria abrir mão de Benjamim, mas parece que não havia opção. Finalmente despejou um clamor visceral: "Tudo está contra mim!"[15]

Este homem tinha agora 130 anos e servira a Deus por muitos anos, mas ao invés de colher as bênçãos da aliança, tudo lhe estava sendo tirado. Não entendia o silêncio do Senhor, nem porque o céu parecia estar lhe esmagando.

Mas aqui está uma realidade brilhante no meio da história: ele nunca quebrou sua lealdade a Deus! Mesmo custando-lhe perder o filho mais novo, estava resolvido a permanecer fiel à aliança com o Senhor. É diante da decepção que a fidelidade reluz sua beleza como um diamante, pois ela continua a amar mesmo frente à frustração.

E como Deus o honrou por isso! Nas próximas três semanas tudo mudou para Jacó e subitamente pôde contemplar a grande salvação do Senhor. Foi levado ao Egito na mais moderna limusine da época, foi reunido a todos seus filhos, abençoou o faraó, viu toda sua família estabelecida em prosperidade, pôde abençoar todos os seus filhos antes de morrer e recebeu um funeral de um rei. Saiu em grande estilo!

Enquanto abençoava seus filhos no final de sua vida, declarou: "Tua salvação espero, ó Senhor!" (Gênesis 49:18). Ninguém que conheça sua história pode discutir sobre essa afirmação. Se alguém esperou em Deus, sempre, foi ele. Sua fidelidade ao Senhor foi provada vez após vez. E hoje o reconhecemos como um dos grandes pais de nossa fé. De fato adoramos ao "Deus de Jacó". Sua fidelidade foi provada com a espera, e agora ele é honrado com uma prosperidade eterna como as estrelas do céu.

---

15 Gênesis 42:36

"Bem-aventurado aquele que tem o Deus de Jacó por seu auxílio" (Salmo 146:5). Bem-aventurado é aquele que é fiel a Deus na espera, pois Deus irá ajudá-lo e visitá-lo.

Para discussão em grupo:

1. Sua fidelidade a Cristo já foi provada? Explique.
2. Você sabe o que é seu espírito se fechar diante das disciplinas de Deus? Se sim, como ele foi restaurado a se abrir para o Senhor?
3. Pense sobre como Deus nos conduz de forma diferente do que às vezes esperamos. Como iremos processar este aspecto da personalidade divina na era porvir? Você concorda com o autor de que a fidelidade a Deus possa ser testada na eternidade quando Deus tomar decisões que não entendamos completamente?
4. Algumas pessoas têm pouco respeito por Jacó. O autor, ao contrário, o coloca como um homem de grandeza espiritual que demonstrou grande lealdade a Deus. Como você vê esse homem?
5. Você está esperando em Deus agora mesmo por alguma vitória? Esta espera está testando sua fidelidade?

Parte Dois

LEALDADE AOS DAVIS DE DEUS

Quando a nossa lealdade a Deus é testada e nosso amor purificado, dar os nossos corações em lealdade aos líderes de Deus se torna a coisa mais natural e razoável a fazer. Podemos saber se a nossa lealdade a Deus é verdadeira quando ela é expressa através da lealdade para com os outros no corpo de Cristo.

Capítulo 10

Enfrentando os Gigantes Culturais

A fidelidade a Deus encontra sua expressão natural na lealdade às pessoas. Uma leva à outra. Aquele que é fiel a Deus também desejará ser fiel aos Davis do Senhor. Nossa discussão, portanto, naturalmente nos faz nos virar e considerar nossa fidelidade ao nosso próximo.

Enquanto dissermos que devemos ser leais a Deus, ninguém vai criar problema, mas ele começa quando levamos isso ao próximo nível e dizemos que deveríamos ser leais aos Seus Davis. Quando começamos a falar sobre a lealdade a outro ser humano, a questão se torna complicada.

Chamar as pessoas à fidelidade vai contra alguns valores culturais que são comumente aceitos pelos americanos. Há alguns "gigantes" no terreno da fidelidade, e se nosso chamado a ele vai ser eficaz devemos, pelo menos, estarmos cientes destes potenciais obstáculos.

Gigantes Sociais

A fidelidade não é totalmente não-americana. De fato, há alguns aspectos em que os americanos são muito leais. Muitos fãs irão torcer por seu time profissional preferido, mesmo que eles estejam no final da tabela. As gangues das cidades são mantidas através da lealdade. Muitas empresas conseguem cultivar um duradouro sucesso em vendas de seus produtos ao garantir o "programa de fidelidade". Sindicatos trabalhistas funcionam à base da lealdade. Desde o "bombardeio" das Torres Gêmeas na cidade de New York em 11 de setembro de 2001 os americanos se uniram em uma maior solidariedade nacional do que jamais havia sido visto por décadas. Talvez não seja por acaso que este livro esteja sendo escrito durante uma melhoria sociológica na lealdade.

No entanto, há algumas tendências contra a fidelidade que ainda existem em nossa cultura e que exija nossa atenção. Algumas delas são encontradas no segmento mais idoso de nossa população que vivenciou a atmosfera revolucionária dos anos 60. Tivemos momentos em nossa história recente onde era culturalmente aceitável ser contra as instituições ou contra o governo.

As crianças na escola irão insultar o presidente e serão assegurados por seus professores de que essa liberdade de discurso é direito delas. Aqueles que desonram os pais e líderes de nossa nação são muitas vezes laureados como pensadores independentes. Até ficamos indiferentes diante da queima da bandeira. Toleramos formas de desobediência civil que minam os mesmos valores que fortalecem o tecido social (não estou dizendo que todas as formas de desobediência civil recaem nessa categoria negativa).

Quando se trata de filmes, romances e literatura, muitas destas histórias que nos entretêm são construídas em torno da fidelidade. Porém, há outras coisas que a solapam. *Um dos grandes valores americanos é a "fidelidade a si mesmo", que normalmente precede eticamente a fidelidade aos outros.* Esse tipo de autofidelidade, arraigada no amor próprio, batalha contra a fidelidade bíblica.

No local de trabalho a lealdade encontra outro grupo de desafios. A maioria dos trabalhadores tem repulsa por aqueles que agradam ao chefe para ganhar seu favor. Detestávamos o "queridinho da professora" na escola e agora no emprego muitas vezes desprezamos aqueles que abrem mão de suas convicções pessoais ou comprometem suas almas para subir a escada corporativa. Enquanto a lealdade é honrada pelo chefe, ela é provavelmente punida por outros empregados. Assim, algumas vezes é percebida como uma qualidade que incorre em problema, conflito e reprovação.

O efeito geral destas tendências é que o valor da lealdade na sociedade às vezes fica corroído.

Ela é muito importante para reis e reinos, mais até do que para democracias e repúblicas. Os reis premiam a lealdade e punem o oposto dela; as democracias toleram a deslealdade e nem sempre estima a fidelidade. Então, mesmo que ela não seja apreciada em uma república como os Estados Unidos, será altamente valorizada no Reino de Deus.

Gigantes Eclesiásticos

Além de lutar contra esses "gigantes" da sociedade moderna também há dinâmicas funcionando na igreja que têm contribuído para a deterioração da fidelidade entre os cristãos. Por exemplo, há muitos crentes que foram leais aos líderes de sua igreja no passado, mas que ficaram muito feridos no processo. Talvez o líder tenha se enchido de um sentimento de importância pessoal, ou também tenha caído na concessão moral ou se tornado controlador e manipulador em seu estilo de liderança. Tenho amigos que serviram em ministérios onde o líder sustentava a lealdade como uma vara de medir sobre suas cabeças, exigindo fidelidade se queriam ficar em sua equipe ministerial. A lealdade se tornou uma palavra dolorosa para esses colegas.

No despertar do movimento anti-institucionalista da década de 60, o pêndulo começou a balançar para o outro extremo. O Movimento de Jesus viu um fluxo para dentro das igrejas de crentes que, por rejeitarem os valores dos hippies, de Woodstock e de Berkeley, estavam buscando por direção e por responsabilidade. Consequentemente, veio o chamado para a submissão à autoridade para relacionamentos pactuais. Essa ênfase vem do Espírito e penetrou muitas correntes e denominações por todo o corpo de Cristo. Deus soprava nesta ênfase, mas o pêndulo continuou a mover e alguns grupos ficaram com estruturas excessivamente autoritárias.

Alguns líderes exerceram controle demais sobre seus membros até mesmo ao ponto de lhes dizer onde morar e o que comprar. O país foi tomado por incidentes espirituais — pessoas que perderam a confiança em toda autoridade espiritual e que lutaram para encontrar uma forma mais funcional de se relacionar com o corpo de Cristo. Assim como muitos pastores dos anos 80 e 90 eu me vi enfrentando o desafio de ministrar a muitos que pareciam as "pedras queimadas" do livro de Neemias — santos que foram queimados e que evitavam serem cimentados em lugares de compromisso da muralha. Muitos deles estavam tão sensíveis que qualquer menção de desejo por lealdade os faria sair correndo.

Sei de igrejas que tinham Compromissos de Aliança que compreendiam sete ou mais páginas escritas, nas quais os que aderiam deveriam assinar e cópias eram mantidas em arquivo pelos líderes da igreja. Era considerado nobre entrar em um juramento com um grupo de crentes, talvez por toda a vida (tudo sendo igualitário). Os problemas começaram quando as pessoas escolheram prosseguir. Em vez de serem liberados com alegria, foram chamados de "tratantes" e cassados da comunhão com outros membros. Para alguns a lealdade se tornou uma palavra maldita.

Ainda sofremos essas consequências hoje. Às vezes um crente que se tornou cético ou cínico com relação à autoridade vai ver outro membro dando seu coração em lealdade a um líder. Achando estar lhes fazendo um favor, o cético irá avisar o membro inocente contaminando-o com sua própria ofensa. Muitos crentes atualmente têm uma bagagem não resolvida com relação a este assunto, e quando espalham o fermento de sua dor para aqueles de coração mais simples minam a saúde do corpo. Uma raiz de amargura pode rapidamente contaminar os outros na igreja, mas como ela cresce por baixo da superfície, pode atuar por certo tempo antes de ser notada por aqueles que poderiam ajudar. *Infelizmente a infidelidade é normalmente mais contagiosa do que a fidelidade.*

A verdade é que alguns líderes ainda abusam da lealdade. Assim sendo, não pretendo que esse livro seja interpretado como defendendo o estilo de liderança controlador e manipulador. No entanto, não posso me calar — como outros já o fizeram — simplesmente porque algumas lideranças são excessivas. Em vez disso, vou soar o chamado à lealdade, crendo que o Espírito Santo irá nos ajudar a discernir quando aplicar esses princípios a cada situação individualmente.

Sou encorajado por algo que tem agitado o mundo. A geração atual valoriza a lealdade mais que seus antecessores. Eles *querem* entregar seus corações aos pais e mães. Os jovens hoje em dia dão valor à fidelidade apesar das influências sociológicas e eclesiológicas contrárias, um desenvolvimento que creio ser obra direta de Deus enquanto Ele prepara os corações de uma geração para Sua volta.

A Lealdade é Frequentemente Mal Interpretada

Prepare-se: se você for leal a Davi, muito provavelmente será mal entendido. Lembre-se: Davi representa os líderes santos que merecem nossa lealdade. A Bíblia elogia aqueles que foram leais àquele rei, e Deus continua nos chamar a sermos fiéis aos Seus Davis da atualidade — aqueles líderes que têm um coração segundo Deus e um zelo pela fama do nome de Cristo na Terra. Seu líder pode ser um homem ou uma mulher, mas o Senhor o/a colocou em sua vida e agora irá honrar você se você os honrar.

A fidelidade é confundida ou mal entendida. Por exemplo, um empregado fiel acaba sendo chamado de "carreirista". Ou um presbítero ou diácono leal é chamado de "vaca de presépio". As pessoas irão acusar certo pastor de se cercar de "vacas de presépios". Em alguns casos isso pode ser verdade. Mas é possível que alguns pastores tenham sabedoria suficiente para se cercarem de líderes leais?

Uma diferença entre uma "vaca de presépio" e um homem leal é: o primeiro encontra sua identidade através da sua associação com o líder, assim irá mudar suas palavras e comportamento consciente ou inconscientemente para proteger sua posição diante do líder. Um homem fiel, ao contrário, encontrará sua identidade no fato de saber quem ele é diante do trono de Deus, que dá a ele a liberdade de amar seu líder incondicionalmente — mas também lhe dá a liberdade de dar ao líder uma resposta de um coração sincero, honesto, aberto e sábio. Homens e mulheres fiéis não temem falar a verdade em amor porque se preocupam mais sobre o servir o líder do que proteger seu próprio status com ele.

Conheço um pastor que tinha uma mulher em sua congregação que era uma grande serva. Ela cooperou com sua equipe de liderança como membro de valor incalculável, completando todas as tarefas que lhe eram atribuídas com alegria e diligência. O pastor era muito grato a Deus pelo apoio e ajuda dela na obra do Senhor.

Aconteceu de haver outra pessoa na equipe de liderança que entendeu mal a lealdade dela. Esta outra irmã pensou que sua amiga estava sendo influenciada pelo carisma e forte personalidade do pastor. Em vez de perceber a lealdade da irmã, achou que ela era motivada por uma necessidade pessoal de obter a aprovação do pastor.

Achando que estava fazendo a coisa certa, dirigiu-se à sua irmã e disse: "Parece-me que você é mais motivada por um desejo de agradar ao homem do que a Deus". Aquela irmã ficou embaraçada. O que havia feito para dar essa impressão?

Daquele dia em diante nunca mais serviu ao pastor com a mesma liberdade. Retrocedeu temerosa de como os outros a avaliavam. Uma fonte de serviço foi apagada e em seu lugar vieram a reserva, a hesitação e a apatia. Não soube como lidar com a acusação de se curvar diante do medo do homem. Como consequência, o reino sofreu uma perda. Sua lealdade foi violada e ela nunca mais conseguiu se recuperar no mesmo nível.

Experiências como essa mostram que quando a lealdade não é entendida e apreciada de forma adequada, pode ser facilmente mal interpretada. Devemos nos levantar contra os inimigos culturais que nos fazem ver a fidelidade com lentes distorcidas. Os riscos são enormes. Clamamos pela restauração do tabernáculo de Davi (Amós 9:11), mas como podemos ter sua restauração sem a lealdade que o cercou? Estou convencido de que a fidelidade é um ingrediente que tem sido seriamente menosprezado e que deve ser recuperado para que a igreja entre em sua plenitude dos últimos tempos.

> ### Para discussão em grupo:
> 1. Que tendências você tem percebido na sociedade que parecem minar a lealdade? Você já viu outros elementos na cultura que afirmam a lealdade como uma qualidade desejável?
> 2. Você conhece alguém na igreja que é tem um problema espiritual no qual a fidelidade fracassou? Como isso afetou sua frutificação no reino? Como podemos consertar o prejuízo que foi feito?
> 3. Você concorda que a geração atual está desejando relacionamentos de lealdade talvez até mais do que as gerações anteriores?
> 4. Sua lealdade já foi mal interpretada?

Capítulo 11

Caricaturas da Fidelidade

Uma das razões porque a fidelidade tem uma má fama na igreja é que muitos crentes têm um conceito distorcido da realidade de sua beleza. Talvez tenham visto pessoas que foram fiéis a um erro. Ou talvez estivessem sob uma liderança que os convocou à fidelidade, mas seu significado foi deturpado. Como consequência quando algumas pessoas pensam sobre fidelidade o que veem é algo que é realmente distorcido e uma assustadora aberração do que ela genuinamente é.

Antes de prosseguirmos, portanto, precisamos desmantelar algumas ideias falsas. Quero ser claro sobre o que *não* estou querendo dizer. De forma breve, aqui estão três coisas que não representam a lealdade.

A Fidelidade Não É Ingênua

Primeiramente, fidelidade não é ingênua com relação à fraqueza do líder. Ela sabe que ele também é feito de carne e osso. Não tem ilusões de estar servindo a um Super-Homem ou Super-Mulher. Não é um irrealismo romântico, nem deve ficar apaixonada pelo líder.

Fidelidade não quer dizer que exaltaremos demais quem nos lidera. Se nós exaltarmos muito a Davi, Deus terá que tomar algumas medidas para mantê-lo humilde. As pessoas eram tentadas a enaltecer Paulo acima da medida por causa de suas revelações incríveis, Deus, então, deu-lhe um espinho na carne para lhe colocar diante dos olhos das pessoas no seu exato lugar.[1] A fidelidade não está no colocar o líder em um pedestal, mas está em honrá-

---
1 2 Coríntios 12

-lo como o guia ungido, o "escolhido" ou a "escolhida", uma bênção de Deus para servir à igreja.

Ser leal não que dizer que colocamos nossa confiança no homem. Somos aconselhados: "Não confieis em príncipes, nem em filhos de homens, em quem não há salvação. Sai-lhes o espírito, e eles voltam ao pó; naquele mesmo dia, perecem seus pensamentos" (Salmo 146:3-4). Quem coloca sua confiança em uma pessoa sempre sairá desapontada. *Seja leal a Davi, mas confie somente em Deus.*

Fidelidade também não é a negação da humanidade do líder, nem é meramente o domínio dos crédulos que não conseguem perceber seus defeitos. Em vez disso é o adorno dos que são leais apesar das fraquezas do líder. *A fidelidade floresce melhor quando o filho está completamente ciente das áreas de fraqueza do pai.*

Tampouco a fidelidade é ingênua com relação às falhas do pai com relação a seus filhos. Até os líderes têm uma curva de aprendizagem; na prática, todos os pais tiveram falhas em seu passado com relação a como lidaram com seus filhos. *A lealdade percebe que Davi não é um pai perfeito para todos os filhos.* Se quisermos ser fiéis somente àqueles que nos tratam com perfeição, haverá pouca fidelidade atualmente.

A fidelidade pode até entender que alguns filhos abandonaram o pai no passado com uma reclamação válida. Ela às vezes assiste alguns filhos irem e virem. Podem até murmurar coisas do tipo "ele é controlador", "ela é ingrata", ou "é um distribuidor de tarefas", "ela não cumpre o que promete", "ele não sabe como delegar áreas de ministério" ou "ele não sabe pastorear os dons das pessoas".

Às vezes Davi errava. As pessoas o abandonavam por razões válidas. Mas no final das contas, a questão mais importante era: você está com Absalão ou Davi? Porque Deus gosta de Davi, coisa e tal, e Ele luta pelo rei. *Quer a reclamação seja parcialmente válida ou não, um filho leal que escolhe ficar com Davi o faz não porque não gosta dos outros filhos, mas porque se recusa a acolher suas ofensas.* Ele percebe que Davi comete erros, mas escolhe amá-lo e a ficar do seu lado. O filho leal decide que quer ficar no time do homem que tem as promessas, as fraquezas e tudo mais.

Um filho verdadeiro percebe que todo ponto forte tem seu correspondente ponto fraco, assim as coisas boas do pai e seus dons devem ter seus correspondentes riscos. O filho é atraído ao pai por causa do que Deus depositou em sua vida, porém em lealdade ele faz o melhor para cobrir as fraquezas que acompanham. Longe de ser ingênua sobre os problemas do líder, a pessoa leal é talvez mais consciente deles do que qualquer outra, por causa da proximidade.

Fidelidade Não É Uma Obediência Incondicional

Paulo declara claramente que a fidelidade a Cristo é incondicional, mas aquela oferecida aos líderes dados por Deus está em uma categoria menor e condicional.[2]

A lealdade não é uma operação de lobotomia. Não é uma união maquinal. Se o líder lhe diz: "Beba desse frasco aqui" e você o fizer e cair morto, isso não é lealdade, é burrice.

Alguns podem olhar a expressões de excessiva lealdade e chamá-las de "fidelidade cega", mas se é cega não é lealdade, porque *a fidelidade não é cega*. Nem se entrega sem exercer o discernimento.

Ela pensa. E, ainda assim, alguns tipos de fidelidade não permitem o pensamento independente. Há uma tensão aqui que afeta vários grupos, como os militares, por exemplo. Então, vamos dar uma olhada neste exemplo.

A fidelidade é muito valorizada no militarismo e enaltecida durante o período de treinamento. Ela mantém um batalhão unido, capacitando-os como grupo a realizar maiores explorações do que fariam se estivessem sozinhos e separados. Algumas das maiores histórias de fidelidade são encontradas nos anais da guerra. Por exemplo, talvez você tenha ouvido sobre o soldado que se lançou sob fogo inimigo para resgatar seu companheiro ferido. As nações irão premiar com medalhas de honra seus heróis que, diante de grandes dificuldades e terrível perigo, foram leais aos seus companheiros soldados. Esse tipo de história de heroísmo mexe com nossos corações.

Mesmo que a obediência implícita seja exigida nas forças armadas, há uma maior dimensão de fidelidade que será posta em prática em favor de um superior que tenha demonstrado disposição de se sacrificar pessoalmente pelo bem de seus homens. Os maiores oficiais são aqueles que não só exigem obediência por causa da autoridade de sua posição, mas aqueles que inspiram uma aliança apaixonada de suas tropas porque demonstram interesse altruísta em seu bem-estar e seu destino.

Porém alguns oficiais demandam a obediência somente por causa do mérito de sua posição superior. As tropas podem lhe dar uma obediência absoluta, mas não lhe oferecerão sua lealdade. Um oficial grosseiro pode voci-

---

2 1 Coríntios 1:12-13

ferar: "Não pense, não questione, só obedeça". No entanto, nós não estamos nos comprometendo com esse tipo de fidelidade. A *lealdade no Reino não é obediência sem questionamento a um líder, mas é cheia de sabedoria e critério*.

Ocasionalmente podem vir à tona circunstâncias em que se deve desobedecer aos líderes humanos a fim de se permanecer obedientes a Deus. As outras pessoas podem nos considerar desleais em tais casos, mas *nossa fidelidade ao Senhor supera toda a lealdade ao homem*.

Alguns ministérios funcionam como um mini quartel. A lealdade é definida como uma submissão sem questionamento à liderança. Por mais que essa mentalidade possa estar presente em algumas brigadas, não é assim que o Reino opera.

A fidelidade não entra em uma aliança de sangue com um grupo de crentes dizendo: "Sou de vocês, não importa a situação". Ela deve ser distinta de formas biblicamente erradas de aliança. A fidelidade é racional. Diz: "Estou com você — enquanto Jesus for sua maior prioridade e você não se tornar uma pessoa esquisita".

Davi não precisa de seguidores insensíveis e não pensantes. Ao contrário, precisa de pessoas fiéis que irão contribuir com o melhor de suas energias mentais para a causa.

Apenas a título de comentário, um livro controverso foi lançado enquanto este foi escrito, *The Price of Loyalty* (O Preço da Fidelidade). O autor, Ron Suskind — ganhador do prêmio Pulitzer, conta a história dos 23 meses de serviço de Paul O'Neil como Secretário do Tesouro no governo do presidente George W. Bush. A obra não tem muito a ver com a fidelidade, mas sim com a perspectiva de O'Neil sobre os trabalhos internos da administração Bush. Menciono o livro aqui porque é um exemplo, em minha opinião, de um homem que acreditava na nossa premissa: "fidelidade não é uma aliança incondicional", mas que o levou a extremos.

Os dois anos trabalhando a relação entre o secretário e o presidente Bush não foram fáceis, quase que desde o princípio. Uma das razões para isto, de acordo com Suskind, era que o líder exigia "lealdade ao indivíduo, independente das circunstâncias"[3]. Cheney[4] deu esse tipo de lealdade a Bush, e é por isso que é tão implicitamente confiável pelo presidente.[5] O'Neil era diferente.

---

3 *The Price of Loyalty*, Ron Suskind, New York: Simon & Schuster, 2004, p. 326
4 Dick Cheney – Secretário da Defesa dos Estados Unidos entre 1989 e 1993 e vice-presidente dos Estados Unidos de janeiro de 2001 a janeiro de 2009.
5 Ibid, p. 48

Ele cria que "a verdadeira lealdade... é baseada em averiguação e em dizer o que você realmente pensa e sente — sua melhor avaliação da verdade em vez do que eles querem ouvir"[6]. Suskind sugere que foi a fidelidade de O'Neil à investigação e à verdade, em vez de fidelidade ao presidente, que finalmente fez com que Bush pedisse pela sua demissão.

Depois de ler aquele livro, estou convicto de que O'Neil nunca encontrou uma lealdade a Bush (isso é uma observação e não uma crítica), que sem dúvida foi um fator primordial em sua eventual demissão. Mesmo que eu não concorde completamente com sua compreensão de lealdade, realmente concordo que ela não é uma união sem ponderação. O'Neil se viu no "não invejável" dilema de não ser capaz de ser fiel a seu líder, porque fazê-lo iria levá-lo a desconsiderar as informações fatuais que ele havia reunido. Publicou sua crítica ao estilo de liderança de Bush com o fim de dizer a verdade.[7] No entanto, ao fazê-lo, ele saiu do limite da neutralidade para o solo da deslealdade ao presidente, uma decisão que considero lamentável.

Fidelidade Não É Aquiescência Silenciosa

Alguns modelos de estrutura de igreja têm a perspectiva de que nunca se deve questionar que está acima deles no Senhor. Não concordo com essa visão de autoridade espiritual porque ela nunca produz a verdadeira lealdade; ao contrário, produz clones, preguiçosos e "vacas de presépio".

Soube de líderes que não permitem seus seguidores a questionar suas decisões. Se discordar é rotulado de desleal. Para eles, a fidelidade quer dizer concordância silenciosa. *Isso não é fidelidade, isso é controle que surge por causa da insegurança.*

Se um líder quer fidelidade dos seus seguidores, uma das melhores coisas que pode fazer é cultivar uma atmosfera de abertura para incentivar o *feedback*. Se ficar na defensiva cada vez que uma opinião contrária for expressa, irá perder a lealdade dos outros. Amigos superam diferenças de opinião da mesma forma como o ferro malha o ferro.[8] *O melhor feedback é obtido no contexto de amizade fiel.* Não estamos falando de duas pessoas que vão dar seus pareceres e se matam com a língua. Falamos de dois amigos que, no contexto de um relacionamento fiel, se amam o suficiente para falar a verdade e dão o necessário retorno um ao outro.

---

6 Ibid., p. 326
7 Ibid., p. 328
8 Provérbios 27:17

Um relacionamento fiel não só *permite* ao filho que verbalize suas preocupações ao pai, ele *incentiva* esse tipo de intercâmbio honesto. Um filho precisa aprender a arte de apelar a outros no corpo de Cristo.[9] Estruturas saudáveis permitem aos filhos que apelem aos pais em um ambiente seguro de troca em confiança. Pais sábios querem treinar seus filhos na arte de amar a confrontação e o apelo[10]. Além disso, valorizam grandemente as perspectivas de seus filhos, pois sabem que eles os ajudarão a servir de forma mais eficaz. Filhos leais não irão reter perspectivas que iriam realmente servir ou salvar seu pai.

"Fiéis são as feridas feitas pelo que ama" (Provérbios 27:6). Um amigo, por ser leal, está disposto a confrontar — por mais dolorosa que a confrontação possa ser.

A fidelidade discorda, e até confronta. Mas é sempre cuidadosa sobre *como* e *onde* discorda.

Como acontece essa discordância? A fidelidade se expressa em ternura e amor. *Você pode dizer qualquer coisa que queira para mim; mas se me for leal, irá dizê-lo gentilmente de forma que me ajude*. Se você for fiel, não irá derramar veneno sobre mim, ou me explodir com sua arma. A discordância pode ser intensa, porém jamais deve ser cáustica e perniciosa. Você cuidará como fala, crendo no melhor que há em mim.

Onde a fidelidade discorda? A *portas fechadas*. Não expressa a divergência na frente de subalternos. Ela será honesta e tratará os defeitos a portas fechadas. Então, quando sairmos para nos misturar aos demais, daremos cobertura um ao outro com uma fachada de união e acordo.

Lembro-me de uma vez em que aprendi como *não* confrontar um pai espiritual. Eu era jovem, com muito zelo e realmente queria ser ouvido. Porém, por causa do tipo de relacionamento com esse líder em especial, fui para a reunião esperando que não seria ouvido. Em vez de só colocar meu caso e expressar o que ia em meu coração, apoiei-me em meu argumento com um pouco de energia demais, achando que talvez mais argumentação ajudaria a equilibrar as coisas a meu favor. A força de minha apresentação trabalhou contra mim, e basicamente invalidou o que estava tentando comunicar. Em vez de ser dispensado por causa do meu argumento, fui dispensado por causa do espírito com que demonstrei minha perspectiva das coisas. E mais, fui repreendido por ter causado problemas! Então a lição foi: aproxime-se de

---

9 Filemon 1:10
10 1 Timóteo 5:1

seus pais com gentileza e boa fé, acreditando no melhor e esperando que eles o recebam.

> **Para discussão em grupo:**
>
> 1. Quando você vê aspectos de fraqueza de seu líder, isso abala sua fidelidade, ou a torna mais forte?
> 2. Dissemos neste capítulo que a fidelidade é incondicional. Mas como podemos nos preservar das pessoas que se sentem justificadas em mudar de uma fidelidade a outra conforme a moda?
> 3. Como você escolhe resolver suas discordâncias em sua equipe? Quando é certo se pronunciar? E quando é correto ficar em silêncio e caminhar com o grupo?
> 4. Você já se sentiu intimidado em expressar sua opinião a seu líder?

Capítulo 12

Fidelidade Pessoal versus Fidelidade Institucional

A fidelidade quase sempre é a uma pessoa. Ela normalmente se forma no coração quando nos unimos a alguém que cremos ter o coração de Davi.

Quando a vemos manifesta na Bíblia, está sempre sendo direcionada a uma pessoa — Deus ou um ser humano. Jônatas era fiel a Davi; Rute a Noemi, Eliseu a Elias, os discípulos a Jesus; Timóteo e Tito a Paulo. E a lista continua.

Por outro lado a infidelidade é sempre a alguém. Normalmente ela é a violação de um vínculo de confiança com um dos Davis de Deus. É a desonra de uma relação com um pai na fé. *Quando as pessoas são desleais a Davi, é porque ou são fiéis a Absalão ou a si mesmos.*

Um amigo me contou como estava perdendo sua habilidade de receber de seu pastor. Lutava com uma questão e descobriu que os sermões não mais o alimentavam. Em vez disso se via criticando tudo o que saía da boca do pastor, ou como ele o dizia. Então Deus convenceu seu coração e ele se arrependeu sinceramente diante do Senhor por seu espírito crítico e orgulhoso. No domingo seguinte o sermão estava carregado de revelações e verdades impactantes. Quando, através do arrependimento, meu amigo voltou à fidelidade, seu coração se abriu e conseguiu ouvir seu pastor novamente.

A fidelidade, adequadamente direcionada ao Davi que Deus colocou em nossas vidas é algo muito poderoso — não é de se estranhar que o inimigo a tem como alvo.

Fidelidade Pessoal versus Fidelidade Institucional

A fidelidade parece se sustentar melhor quando é dirigida a um indivíduo em vez de a uma instituição. Por exemplo, quando as pessoas decidem ser leais à igreja de Jesus Cristo, normalmente se desencantam por causa da decepção e algumas vezes fazem votos íntimos de nunca mais voltar a ela. Por outro lado quando as pessoas são leais à pessoa de Cristo Jesus, seu amor por Ele frequentemente os sustentará através das decepções da vida dentro das instituições da igreja.

Alguém pode dizer: "Sou leal à minha empresa", mas um mau chefe pode destruir isso bem rápido. Outro pode afirmar: "Sou leal à minha igreja", mas uma confrontação infeliz com um pastor ou um líder pode acabar com esse tipo de lealdade. Outro ainda pode falar: "Sou leal à minha denominação". Talvez você se sinta leal à sua denominação, mas o que vai fazer quando eles aprovarem um estatuto que violem suas convicções e sua consciência? Não estou sugerindo que essa fidelidade a uma instituição seja má ou errada; estou dizendo simplesmente que ela não é necessariamente duradoura diante de circunstâncias negativas.

As organizações têm uma longa história de fidelidades decepcionantes. A maioria dos que se sentem fiéis a uma organização na realidade são leais a um líder ou líderes que estão à frente do trabalho naquele tempo. Quando um Davi está no leme de uma instituição, a tendência será que ele atraia todos os que querem entregar sua lealdade à sua liderança.

A fidelidade institucional pode ser nobre em si mesma, mas também pode ser imprudente. Alguns já perderam seus limites espiritualmente porque escolheram permanecer em uma instituição quando a bênção de Deus já a abandonou. Qual o valor deste tipo de lealdade se perdermos nosso caminho como consequência?

A fim de evitar que alguém possa pensar que sou contra denominações deixe-me explicar que eu tenho credenciais ministeriais em uma ordem de ministros, e ainda sou leal a esta organização mesmo depois de muitos anos. No entanto, não vejo essa fidelidade com sendo tão forte quanto a que tenho para com os indivíduos dentro desta organização. É recomendável que se seja leal a uma instituição a fim de ser um contribuinte vivificador ao ministério e à visão geral — mesmo que nossa contribuição não seja completamente compreendida ou apreciada. Não teremos influência nas grandes instituições espirituais desta terra sem uma lealdade duradoura.

12. Fidelidade Pessoal versus Fidelidade Institucional

O propósito de nos unirmos a uma instituição é para que através da rede de relacionamentos que desenvolvemos possamos servir e nos fortalecer mutuamente, desafiar a caminhada pessoal de cada um com Deus e aguçarmos a eficácia dos ministérios uns dos outros. Devemos ser fiéis a esta instituição no mesmo nível em que ela estiver cumprindo com este objetivo.

As instituições normalmente nascem do impacto de um líder visionário que abriu mão de tudo por amor ao evangelho. Porém, à medida que os anos passam, elas inevitavelmente recaem em um modo de autopreservação. Os mecanismos de autopreservação são como Saul em sua natureza e são contraproducentes no cultivo de uma fidelidade saudável.

Nossa motivação em ser leal a uma instituição às vezes pode ser baseado em um desejo interior de ser promovido dentro do sistema. O melhor caminho para o topo em organizações é ser leal à pessoa que está acima de você. Espera-se que se alguém for fiel ao sistema por muito tempo, ele ou ela merecerá uma promoção. Se ela for postergada, a pessoa que trabalhou por anos naquele sistema algumas vezes se irrita contra ele (o sistema) a quem serviu e destrói seus irmãos e irmãs com suas palavras.[1] A *fidelidade que busca recompensa não é verdadeira.*

Outro tipo de falsa fidelidade ocorre quando um filho é leal ao pai porque sente que lhe deve algo por alguma coisa que o pai lhe tenha feito. Uma vez que o débito seja pago, ele manterá a fidelidade somente se o pai lhe fizer outro favor. A lealdade baseada em favores não consegue se manter.

A fidelidade a instituições muitas vezes é baseada em suposições que não foram declaradas: "Você coça minhas costas que eu coço a sua". A única forma de ser promovido neste tipo de sistema é permanecer nele — mesmo que não seja vontade de Deus que você esteja lá.

A fidelidade a Davi, ao contrário, é uma união de corações, mesmo que isso signifique a diminuição pessoal. O enfoque está em fazer a vontade de Deus naquele momento.

A *fidelidade quer dizer que ajudamos um ao outro a obedecer a Deus hoje.* Davi não diz: "Se você for leal a mim, com o tempo ganhará uma posição no sistema". Em vez disso afirma: "Se Deus uniu seu coração ao meu por este período, vamos trabalhar juntos para o avanço do Reino". Ele comemora o tempo de colaboração juntos, mas também está disposto a liberá-lo à vontade de Deus se Ele o estiver chamando para outro lugar.

---

1 Veja Gálatas 5:15

Às vezes a coisa mais fiel que você pode fazer é partir. Porque se Deus o está chamando para seguir em frente, mas você insiste em ficar para que possa ascender em seu caminho no sistema, então você será como um Jonas — alguém que está conosco fora da vontade de Deus. Se o Senhor o chama para outro lugar, faça-nos um favor e deixe-nos ajudá-lo a chegar onde precisa ir.

Se estivermos excessivamente comprometidos em permanecer juntos contra a vontade de Deus, Ele irá usar a pressão para nos tirar de onde estamos. É isso que fez no Novo Testamento. Em Atos 1:8 chamou-os para ir a Samaria, mas não foram, Ele, então, trouxe a pressão de Atos 8:1 para levá-los para lá. Quando o Senhor tiver finalmente usado a pressão relacional para nos enviar à colheita, isso pode vir com o preço de muitos relacionamentos feridos e pessoas machucadas. É muito melhor quando vemos a fidelidade como um firme comprometimento em ajudar um ao outro a permanecer na vontade de Deus, em vez de tentar nos manter aconchegados dentro de um determinado sistema.

Em nosso estado decaído queremos ter estabilidade profissional (dentro de sistemas de ministério ou instituições) que nos assegurem um bom futuro e que faça com que não mais dependamos de Deus para manter nosso chamado e ministério vivos. Assim, para ter essa segurança, fazemos alianças uns com os outros que aparentam estar fundamentadas na lealdade. Mas isso não é segurança de verdade. O lugar de real segurança é encontrado quando colocamos nosso "Isaque" (nosso ministério) no altar, e ele permanecerá até ao ponto em que Deus soberanamente escolha mantê-lo vivo. Quando o Senhor é fonte de vida para nós desta forma, não mais precisaremos procurar os outros para nos garantir um lugar dentro das instituições de ministério. Daí para frente encontraremos verdadeira liberdade de coração para sermos leais aos Davis de Deus de forma incondicional.

Uma História de Lealdade

Um amigo meu que é Pastor Sênior em uma igreja grande na costa leste dos Estados Unidos me contou uma história que ilustra essa compreensão do que significa ser leal para sua equipe de liderança. Este exemplo mostra a natureza pessoal da fidelidade. Estou contando o fato com a permissão dele.

Na igreja em que ele pastoreia encontraram alguns desafios financeiros importantes, por causa de outro ministério comunitário que tinham. Foi estimado que a igreja perderia US$ 500.000,00 no decurso do ano seguinte se esse programa fosse mantido. Então a equipe executiva de liderança se reuniu para discutir o que fazer.

Todos nesse comitê executivo diziam que deveriam fechar o programa comunitário. Meu amigo, o pastor, disse-lhes que em sua opinião essa era a pior coisa a se fazer. Lembrou-lhes de todas as garantias que tinha dado à congregação com relação a este ministério e que muitos dos membros estavam na igreja por causa dele. Disse-lhes nos termos mais incisivos possíveis que seria uma decisão desastrosa para a igreja se fechassem o programa. Afirmou-lhes que era melhor absorver a perda em dinheiro e permanecer com boa imagem diante dos membros. Ao encerrar a atividade deste ministério, meu amigo previa que a reação da congregação seria ainda mais devastadora para a igreja em longo prazo do que se eles absorvessem a perda. Previa uma perda potencial de US$ 1 milhão devido a membros descontentes que sairiam da igreja.

Os outros seis membros do comitê executivo discordaram fortemente. Criam que a única forma de parar a hemorragia era encerrar as atividades daquele ministério. Mesmo que meu amigo tivesse autoridade, como pastor, de tomar uma decisão unilateral, ele teria que o fazer diante de resistência direta de sua principal equipe executiva, toda composta por amigos próximos. Protestou contra suas decisões continuamente, mas já que eles estavam tão unidos em sua determinação de fechar o ministério, meu amigo decidiu deferir ao seu julgamento. Disse-lhes: "Garanto-lhes que isso vai ser desastroso para nossa igreja, mas vou ficar com vocês porque estão muito fortes em sua união".

Porém, prosseguiu a lhes dizer: "Agora, é assim que isso vai funcionar para mim. Já que estou concordando com vocês a portas fechadas, de agora em diante perco meu direito de falar: 'Eu disse!', de qualquer forma e em qualquer lugar. Já que escolho concordar no particular, vou ficar ao seu lado nesta decisão em público, se por acaso houver uma reação da nossa congregação. É isso que um acordo significa para mim". Essas eram as implicações da lealdade do meu amigo aos amigos dele na equipe de liderança. Sua lealdade a eles significava que ficaria ao lado deles, mesmo que isso o machucasse. Prosseguiu: "Vou nessa, mas preparem-se, isso vai doer".

Agora o resto da história. Quando anunciaram o fechamento do ministério comunitário, a erupção de indignação de alguns membros da congregação foi astronômica. Foram feitas algumas reuniões com os membros para ajudá-los a entender a decisão, mas devido a conflitos de agenda, o pastor ficou encarregado de liderar a maioria delas. Acabou tendo que defender uma decisão com a qual não concordava.

Os membros da igreja, porém, transformaram o fato em um ataque pessoal ao pastor. Falaram de promessas que ele pessoalmente havia feito. Disseram: "Como o senhor pôde fazer isso depois de termos sido tão fiéis ao longo dos anos e ajudado o senhor a chegar onde está?" Parecia-lhes que o pastor havia abandonado sua fidelidade a eles em favor de salvaguardar US$ 500 mil.

O pastor representava a decisão de tal forma que a congregação nunca teve a menor suspeita de que havia sido um acordo total entre a equipe do comitê executivo. Ele suportou todo o calor dos membros da igreja por causa da decisão, enquanto o tempo todo concordava no íntimo com sua reclamação. Até hoje os membros não sabem disso.

E como evidência de sua lealdade a seus amigos do comitê executivo, jamais disse a eles: "Eu falei que isso ia acontecer!" Na opinião do meu amigo, ser leal ao comitê significava ser solidário com sua decisão quando os membros da igreja o atacavam, e de perder o direito de jogar isso na cara deles. Casualmente a igreja sofreu uma perda de mais de 1 milhão de dólares por causa de pessoas irritadas que abandonaram a igreja.

Para discussão em grupo:

1. Revise a história do amigo que conseguiu ouvir seu pastor novamente depois de ter se arrependido e retomado a lealdade. Algo parecido já lhe aconteceu?
2. O que você diria que vale mais para você: fidelidade a seu líder ou a seu grupo (igreja, denominação, etc.)? Você concorda com a perspectiva do autor de que a fidelidade a um indivíduo é mais desejável?
3. Como se sente sobre a lealdade a sua igreja ou denominação? Isso é desejável? Até que ponto?
4. Conversem sobre a afirmação: "A fidelidade quer dizer que ajudamos um ao outro a obedecer a Deus hoje". Esse é o tipo de fidelidade presente em seu grupo?
5. Conversem sobre a história final. Você concorda sobre como o pastor escolheu tratar a situação? Ele fez o certo ao honrar sua lealdade a seus líderes mesmo quando a congregação sentiu que ele havia sido desleal a eles?

Capítulo 13

Um Espírito Fiel

Se a fidelidade é o fruto, um espírito fiel é o tronco e a raiz da árvore. *Um espírito leal sempre produzirá o fruto da lealdade.* Uma vez que esse espírito tenha sido cultivado no íntimo, a lealdade irá se manifestar em colheita abundante de uma vez. O segredo, então, é cultivar um espírito leal no coração.

Esse espírito está em um coração que é inclinado a ser leal. Todos nós temos períodos em nossas vidas em que não conseguimos ser leais ao líder que está acima de nós naquele momento; no entanto, a pessoa leal vai lamentar esse tempo e ansiar para que as coisas mudem. Mesmo quando não podemos ser leais, um espírito fiel nunca vai se inclinar a beber o cálice da infidelidade.

Deus é Espírito Fiel

A fidelidade no espírito nos é demonstrado acima de tudo pelo próprio Deus. Quando contemplamos a lealdade que Trindade tem um pelo outro, somos capacitados a buscar um espírito fiel. E nós o buscamos porque Deus é Espírito leal e queremos ser como Ele[1].

Mas a lealdade divina não está confinada à Trindade. Quando cremos no Filho de Deus para nossa salvação, o Senhor pega a ardente fidelidade que tem por Seu Filho e a transfere para nós. Quando você ama o Filho, Ele o ama também. Sua fidelidade é tão firme e Seu domínio tão constante que ninguém pode nos arrancar das mãos do nosso Pai.[2] E Ele mesmo nos diz:

---

1 Mateus 5:48
2 João 10:29

"Com amor eterno te amei" (Jeremias 31:3). Seu amor por nós é atemporal, imutável e eterno. Dentro dele há fidelidade nos mais alto nível.

Como Deus Mede um Espírito Fiel?

Que critérios Deus usa para determinar se alguém tem um espírito leal? A resposta pode ser surpreendente?

A evidência sugere que o Senhor avalia a condição de nosso coração baseado em nossa lealdade uns aos outros. *Parece que Deus vê esse tipo de fidelidade como o teste de tornassol[3] se realmente temos um espírito leal.*

Como alguém pode ser fiel a Deus a quem não vê se não é fiel a seu irmão a quem vê?[4]

Um espírito leal deseja ser leal a Deus e ao homem. Na verdade quem é fiel a Deus *será* fiel ao homem.

Não há ninguém que diga: "Sou fiel só a Deus, não vou entregar minha fidelidade a nenhum homem". Na aparência isso parece nobre porque parece ser livre do temor ao homem. Mas é o disfarce para um espírito desleal. Quem não consegue dar seu coração em lealdade ao homem está enganado que acha que é fiel a Deus.

Agora, reconheço que há vezes em que se torna necessário se levantar e se distanciar de irmãos que são enganadores. Porém um coração de lealdade o faz debaixo de extrema pressão. Um espírito leal sofre quando precisa se separar e sempre prefere encontrar uma forma de reconciliação.

Um Espírito Fiel é Sistematicamente Fiel

Já percebi que há algumas pessoas que tendem a ser leais, e outras que acham a fidelidade difícil. A diferença está no interior, e tem mais a ver com quem são no íntimo do que com que são as pessoas que os rodeiam.

Um espírito leal tende a ser assim em níveis múltiplos e com uma grande variedade de grupos. Percebo que as pessoas que têm um espírito fiel normalmente serão fiéis em seus relacionamentos em cada fase de sua jornada. Se mudam para uma nova localidade, logo demonstram a mesma fidelidade aos seus novos relacionamentos que evidenciavam onde estavam antes. Dificilmente o lugar onde os coloca tem importância. Espalhe-os para o outro lado do país e reúna-os em alguns anos — você os verá dando apoio leal à

---

3 Substância proveniente de líquen utilizada para determinar a acidez ou basicidade de soluções (Química).
4 "Pois quem não ama seu irmão, ao qual vê, como pode amar Deus, a quem não vê?" (1 João 4:20).

obra de Deus onde quer que estejam. Isso porque quem tem espírito fiel, é prontamente fiel.

O contrário também é verdade. *Um espírito desleal parece incapaz de encontrar um lugar onde possa depositar sua lealdade.* Gene Edwards escreve com propriedade: "Os Absalões deste mundo nunca conseguem ver um Davi, só veem Saul"[5]. Nenhuma igreja é boa o suficiente; nenhum ministério é suficientemente convincente; nenhum líder é capaz. Podem ser colocados em comunidades prósperas e saudáveis de crentes, mas nunca encontrarão capacidade interior de dar seus corações em verdadeira fidelidade àqueles a quem Deus colocou sobre ele. Um Absalão sempre será desleal, não importa qual Davi você coloque acima dele.

Quem é leal em um relacionamento tenderá a ser leal em outro. Davi parecia entender isso, porque ele tinha a prática de honrar aqueles que eram leais ao seu antagonista. Quando os homens de Jabes-Gileade resgataram o corpo de Saul e o enterraram por causa da lealdade, Davi lhes enviou uma carta elogiosa[6]. O novo rei honrava Abner, ainda que sua fidelidade tivesse sido à casa de Saul.[7] E é um exemplo misterioso em quando Davi fez de Amasa o comandante de seu exército depois de ele ter sido leal a Absalão.[8] Esse padrão no comportamento do rei demonstra o quanto ele valorizava um espírito leal quando o encontrava, pois sabia que aquele que havia sido leal antes o seria novamente.

Como um Espírito Leal se Despede?

Uma das encruzilhadas mais dolorosas para o espírito fiel é quando ele precisa deixar seu líder por razões válidas e compreensíveis. Ele normalmente permanece com Davi por mais tempo possível. No entanto, em alguns exemplos a fidelidade a Deus significa que devemos nos separar do Davi de onde estamos por causa de imoralidades ou incompatibilidades. Para o espírito leal a principal pergunta é: "Como eu me separo de forma adequada para que agrade a Deus?"

Para responder a esta pergunta devemos primeiramente entender uma distinção importante. Não há somente duas categorias de pessoas — as fiéis e as infiéis. *Há uma terceira: aqueles com espírito excelente.* Muitos entram nesta categoria. Eu os definiria como aqueles a quem não foi dado o dom de um

---

5 *Perfil de Três Reis*, Gene Edwards, São Paulo: Editora Vida, 1987.
6 2 Samuel 2:5-7
7 2 Samuel 3
8 2 Samuel 19:13

espírito de lealdade a seu líder presente, mas que definitivamente se recusam a se diminuir para vagar pelo terreno pantanoso da infidelidade. Nunca irão fazer nada para ameaçar ou desprezar o ungido de Deus[9]. Em vez disso irão se conduzir em sinceridade e integridade enquanto estão sob a autoridade do líder e se sentirem que devem partir, eles o farão de forma graciosa e com excelência.

Por favor, entenda isso. *Se você não consegue ser fiel a um determinado líder, não precisa, também, beber do cálice da infidelidade.* Você pode — e deve — manter um espírito excelente tanto quando permanece na equipe, quanto quando a deixa. Decida agora mesmo que jamais irá ceder à deslealdade. Preserve sua integridade.

Se você deixar um líder a quem deve ser leal, não quer dizer automaticamente que esteja sendo desleal. Partir não é igual a infidelidade. Algumas vezes precisamos sair. Mas é importante *como* o fazemos. Até mesmo quando uma lealdade deve ser abandonada, um espírito fiel irá se conduzir com integridade e nobreza. Um espírito excelente irá fazer tudo o que puder para partir de forma discreta e amigável. "Se for possível, quanto estiver em vós, tende paz com todos os homens" (Romanos 12:18).

A deslealdade deixa uma bagunça em seu rastro. Aqueles que se sentem impelidos a avisar aos outros sobre o líder raramente estão fluindo no Espírito Santo. "Saíram de nós, porém não eram de nós, porque, se fossem de nós, ficariam conosco; mas isto é para que se manifestasse que não são todos de nós" (1 João 2:19).

É possível, em tese, transferir nossa lealdade de um Davi para outro; no entanto, se o fizer de forma leal, nunca será infiel ao primeiro. Simplesmente irá se separar de forma discreta sem flertar com a infidelidade. A *deslealdade não é só o descarte de uma lealdade; é a violação de uma lealdade quando se questiona a credibilidade do líder.*

Infelizmente nem todos os líderes entendem a distinção entre infidelidade e um espírito excelente, e em alguns sistemas é quase impossível partir sem ser considerado traidor. Mas um homem de espírito excelente não irá difamar líderes descontentes em sua operação de retirada, mesmo que ele próprio esteja sendo difamado.

Quando um filho verdadeiro é justificado ao quebrar a aliança de amor que dera anteriormente a um pai espiritual? Cada situação é única, então não há regras claras. Geralmente, será necessário servir fielmente quando o

---

9   Salmo 105:15

líder tomar um caminho errado (doutrinária ou eticamente). Ou, pode ainda ser necessário e prudente abandonar um ministério se o favor divino o tiver abandonado. Filhos e filhas que estão em conflito com essas decisões de peso não devem agir na pressa, mas decidir sob jejum e oração e com um bom conselho de alguém externo. Encontre um líder provado que possa lhe oferecer conselhos sábios com a vantagem de sua experiência e imparcialidade.

O que devemos fazer se sentirmos que a bênção do Senhor não está mais sobre o líder ou o grupo ao qual temos sido leais por vários anos? Para os iniciantes, sondemos nosso coração para termos a certeza de não há algo de errado conosco que nos impede de criarmos raízes e frutificarmos. Não sejamos "transeuntes espirituais" no corpo de Cristo. Suponhamos que tenhamos julgado nossos corações com justeza e ainda sintamos que devemos partir, deixe-me reiterar minha afirmação anterior de que a lealdade não é uma obediência incondicional. Se a bênção de Deus foi retirada, e você sente liberdade em seu coração, não será um ato desleal se deixar esse grupo. Retire-se com integridade e excelência. Tendo dito isto, também reconheço que Deus chama alguns para permanecerem em um navio afundando. Muitas vezes precisamos desesperadamente daqueles que através da oração serão os elementos preservadores em nossas igrejas históricas. Deus pode soprar vida nova em ossos mortos. Não é impossível para Ele!

O Desafio de Partir de Forma Correta

Meus amigos, os Rands[10], viram-se enfrentando um desafio de precisar deixar sua igreja e de querer fazê-lo de forma correta. Eles tinham uns vinte e poucos anos, eram parte do *staff* da igreja e tinham chegado a essa posição com entusiasmo e cheios de esperança, almejando anos de ministério prazeroso. Mas estavam há apenas três semanas no novo cargo quando perceberam que não se encaixavam bem.

Simplesmente não conseguiam se ligar ao estilo de liderança do pastor. Porém, haviam feito o compromisso de ficarem por pelo menos dois anos e queriam cumpri-lo. No entanto, quanto mais tempo ficavam, mais perturbados se sentiam. Viam coisas no jeito em que o ministério era executado que pareciam erradas, mas sabiam que não estavam na posição de tentar tratar daquilo tudo.

Quando perceberam que estavam se tornando cínicos, sabiam que tinham que partir pelo bem da sua saúde espiritual. Oraram com fervor e o

---

10 Nome fictício.

Senhor lhes abriu uma porta para que se mudassem para outros ministérios há muitos estados de distância.

Enquanto partiam, meus amigos lutaram contra a tentação de expressar suas preocupações para algumas pessoas da igreja de quem tinham se tornado próximos e a quem muito amavam. Foi a prova de lealdade para eles. Embora nunca tenham sido leais em seu coração ao pastor (Deus simplesmente não lhes deu o dom da aliança em amor), eles queriam honrar ao Senhor relacionando-se com o líder com um espírito leal. Morderam a língua e partiram sem espalhar nada que pudesse ser considerado negativo ou duvidoso.

Quando penso onde eles estavam naquela época de suas vidas, fico convicto de que passaram por um teste diante de Deus. Recusaram-se a sorver o cálice da infidelidade mesmo que sentissem que tinham muitas preocupações genuínas. Creio que o Senhor os honrou pela forma que mantiveram um espírito leal e em troca os tornou líderes de sua própria equipe.

A propósito, um ano depois dos Rands terem saído da igreja ela se fragmentou em muitas direções. Não houve "divisão"; as pessoas só se espalharam. Meus amigos me disseram que estavam gratos por não terem tido participação pessoal contribuindo para o colapso daquele ministério. O Senhor cuidou do Seu povo quando passaram por tudo isso, e a grande maioria dos crentes estavam religados a outras porções do corpo de Cristo. Eles diziam: "O Senhor nos ensinou que não temos que entrar em batalhas para proteger o povo de Deus de estilos de liderança controladores; nossa tarefa diante dEle era permanecer com um espírito leal para com o pastor a quem servíamos. Deus cuidou das Suas ovelhas".

Para discussão em grupo:

1. O que define a lealdade? Ela é algo que brota do interior ou é gerada por circunstâncias externas?
2. Você concorda que Deus mede nosso espírito não por nossa lealdade a Ele, mas por nossa lealdade uns aos outros?
3. Você conhece pessoas que são fiéis não importa onde estejam ou para onde vão? Fale ao grupo sobre eles.
4. Fale sobre a forma correta e a errada de se deixar uma equipe. Como você trataria a questão se alguém de sua equipe decidisse partir?

Capítulo 14

Lealdade às Autoridades

O desafio da lealdade é "ascendente". Com isso quero dizer que a lealdade é mais difícil — e mais fascinante — quando é dirigida a quem está em posição de autoridade sobre nós. Talvez seja alguém que tenha um cargo superior em uma organização, como um patrão; ou alguém que em termos relacionais seja acima de nós, como os pais; ou alguém que tenha autoridade espiritual, como um pastor. Quando alguém tem autoridade sobre sua vida, é quando você precisa descobrir se tem um espírito leal.

Absalão se sentia leal em seu íntimo aos homens de Israel, o que é demonstrado muito claramente pela forma como lhe dedicou afeição e atenção pessoal. Foi fiel até a seus irmãos. Mas sua fidelidade não seria medida pelos seus relacionamentos com seus iguais (irmãos) ou como os que estavam abaixo dele (os homens de Israel); sua lealdade seria definida pelas atitudes de seu coração para com aquele que estava *acima* dele — seu pai Davi. Mesmo que demonstrasse fidelidade a muitos, ele se tornou parte dos anais da história como o maior exemplo de infidelidade por ter sido desleal ao único que tinha *autoridade* sobre ele (Davi).

Há uma fidelidade aos iguais que é maravilhosa e recomendável, como a que acontece entre os irmãos, ou amigos (por exemplo, entre Davi e Jônatas). Ela também pode ser encontrada entre os membros de uma equipe. A lealdade entre a equipe é necessária para a saúde do ministério já que ele é essencialmente colegial e não individual. Porém, esse tipo de fidelidade é fácil de ser adotada porque meu igual não tem autoridade sobre mim. Por exemplo, Apolo era amigo de Paulo, assim quando o apóstolo o impeliu a ir a um determinado lugar em certo tempo, ele pôde recusar sem que sua lealdade fosse questionada. Por outro lado, Timóteo não era igual de Paulo, mas estava "abaixo" dele como filho espiritual. Assim, para esse rapaz recusar-se a obedecer ao seu pai espiritual teria sido uma brecha em sua lealdade.

Podemos afirmar sermos fiéis a alguém que está abaixo de nós, como a um empregado, mas é fácil se sentir leal a alguém que não tem absolutamente nenhum poder ou direito de nos pedir contas. Por exemplo, Paulo poderia dizer que era fiel a Timóteo, mas na realidade essa lealdade teria pouco valor porque Timóteo jamais presumiria dizer ao apóstolo o que fazer.

Todas as regras da lealdade mudam quando envolvem relacionamento com alguém que tenha autoridade sobre nossas vidas. É aqui que ela é verdadeiramente testada e só aqui que é vista em sua beleza e magnificência naturais. É por isso que Timóteo é recomendado como um "filho de verdade" por Paulo, porque ele havia provado sua lealdade ao apóstolo sendo obediente à sua supervisão. A dificuldade para a lealdade não é do pai em relação ao filho, mas do filho em relação ao pai. É o desafio de ficar abaixo da égide[1] daquele cuja "medida" inclui você.

Assim, os chefes não lutam para serem leais a seus empregados; seu desafio é para com seus próprios patrões. Semelhantemente, líderes de grupos locais não enfrentam dificuldade em ser leais aos que frequentam seu grupo; seu desafio é serem leais a seu pastor. Também os pastores não acham difícil serem fiéis ao seu rebanho, ou até a pastores de outras igrejas; sua luta tem mais a ver com o relacionamento com o âmbito apostólico ou com os supervisores da denominação.

Fidelidade Aos Que Estão Acima de Nós

A Bíblia nos chama para sermos fiéis àqueles que estão acima de nós no Senhor. Por exemplo, quando Davi era rei sobre o povo de Israel as Escrituras elogiam aqueles que lhe foram leais:

"Todos estes homens de guerra, postos em ordem de batalha, com coração inteiro, vieram a Hebrom para constituir Davi rei sobre todo o Israel" (1 Crônicas 12:38).

"os homens de Judá se uniram ao seu rei desde o Jordão até Jerusalém" (2 Samuel 20:2).

---

1 Égide se refere à esfera na qual alguém tem uma influência protetora. Estamos usando essa palavra para falar da medida na qual alguém tem autoridade espiritual.

Esses homens de guerra foram fiéis ao homem de Deus. Seu exemplo nos estimula. Então, quando Deus o colocar abaixo de um Davi, seja fiel a ele ou ela!

Esses mesmos princípios se aplicam no âmbito dos negócios. Se você é empregado e tem um patrão compassivo, é recomendável que seja um empregado fiel. Da mesma forma, empregadores sábios estarão em vigilância para encontrar aqueles empregados que evidenciam um espírito fiel. Não se pode comprar um espírito fiel pagando-lhe melhor. Mas com certeza seria apropriado recompensá-lo com promoções e aumento de salário, porque essas pessoas são aquelas com quem se pode construir uma relação de equipe de longo termo.

Davi Foi Fiel a Seu Pai

Há um motivo porque o Espírito de Deus deu aos seguidores de Davi um coração fiel a seu líder. Foi porque Davi tinha, primeiramente, provado que ele mesmo tinha um espírito leal. Isso foi demonstrado em uma época de sua vida em que não fazia ideia de que estava passando por uma prova.

O teste veio na sua adolescência enquanto cuidava das ovelhas de seu pai. Elas não eram suas, eram do pai. Como tal, poderia ter sido tentador a Davi adotar o espírito de funcionário. Poderia pensar consigo mesmo: "Vou vigiar estas ovelhas porque é meu trabalho, mas não vou me matar para cuidar delas. Afinal de contas elas não são minha principal responsabilidade, são responsabilidade do meu pai. Então, vou fazer o que se espera de mim, mas não vou ser morto em favor de um monte de ovelhas que não são minha propriedade".

Mas esse rapaz não pensava assim. Era um verdadeiro pastor de ovelhas porque era fiel a seu pai. *Portanto, fidelidade não é fidelidade se não for provada em crises de dificuldades.* E sua lealdade a seu pai estava prestes a ser testada e veio na forma de um leão e de um urso. Em duas ocasiões diferentes, esses animais vieram e agarraram uma ovelha do rebanho e fugiram. Seria humanamente compreensível para um jovem pastor e filho dizer a seu pai: "Pai, um leão veio e agarrou uma das ovelhas, e não houve o que eu pudesse fazer. Gritei, joguei pedras com minha funda, mas não consegui impedi-lo de fugir com a presa. Desculpe, pai, mas perdemos uma ovelha".

No entanto, esse não foi o relatório que Davi deu a seu pai, porque ele não era um funcionário. Em vez disso colocou sua vida em risco. Basicamente o que disse ao leão e ao urso foi: "Só por cima do meu cadáver!" Arriscou sua cabeça para salvar uma ovelha. A Bíblia diz que ele se levantou e correu atrás dos animais selvagens e os golpeou até largarem a ovelha. Daí, quando o animal se virou contra ele, ele o agarrou pela juba golpeando-o até matá-lo[2]. Matou ambos os animas desta maneira.

Não tem como se preparar para se defender de um leão ou para matar um urso. Não dá para alugar um leão por um dia e praticar como exterminá-lo. Ao matá-los Davi estava entrando em um campo de batalha inexplorado (uma ação que lhe serviria muito bem na vindoura luta contra Golias). O risco de sair em resgate da ovelha era altíssimo. Por causa da sua lealdade a seu pai, Davi colocou sua vida nas mãos dele.

Quando Deus viu esse tipo de lealdade em Davi percebeu que ele tinha um espírito fiel. Assim, escolheu-o para vir a um lugar de intimidade especial com Ele. O Senhor viu naquele rapaz um homem que permaneceria fiel a Ele, mesmo diante de acusações. Além disso, o estabeleceu como o homem que iria incorporar os princípios bíblicos de lealdade. Sua história de vida é um relato emocionante que ilustra o poder da lealdade. Aqueles que lhe são fiéis entram no favor e bênçãos de Deus; os que lhe forem desleais sofrerão as consequências do desagrado divino. Como Davi foi fiel a seu pai e também ao Senhor, Deus exigia que os outros lhe fossem fiéis.

Isso me leva a fazer as seguintes avaliações: Tenho o coração de Davi? Já provei minha lealdade a meu pai e/ou a minha mãe?

Por Que Davi é um Líder Seguro?

A fidelidade é *sempre* arriscada. No entanto, alguns líderes são mais seguros que outros. Estar sob a liderança de Davi é arriscado, mas não tanto quanto a de Saul. Davi representa ser o líder mais seguro a ser seguido porque antes de tudo ele é uma pessoa que ama a Deus e depois aos homens. Ele coloca o primeiro mandamento em primeiro lugar, assim serve diante do Senhor com alegria de coração. Seu humor é ditado pelo relacionamento vertical, não os horizontais. Por amar a Deus ele é capaz de dispor sua vida em favor de uma ovelha. Isso o torna seguro de ser seguido.

Também é seguro segui-lo porque aprendeu a como andar com graça em tempos de perda ou humilhação. Havia esse mesmo tipo de coração em João Batista. Quando Jesus apareceu e atraiu as multidões para longe das reuniões de João, sua resposta foi: "Aquele que tem a noiva é o noivo; mas o amigo do noivo, que está presente e o ouve, alegra-se muito com a voz

---

2   1 Samuel 17:34-35

do noivo. Assim, pois, se completa esta minha alegria" (João 3:29). Tudo o que ele queria era dirigir os corações dos homens de si para o amado Noivo. Quando um líder permanece amando a Cristo em meio ao crepúsculo de seu ministério você sabe que ele ou ela merece a confiança de ser seguido em lealdade, porque não é motivado por ambições pessoais, mas pela intimidade.

Davi pode ter o poder sobre o reino, mas ele tem só uma agenda que é ganhar a Cristo — e já que você não consegue impedi-la, você estará mais seguro sob a sua liderança. O que quer que edifique (como a construção de um ministério, ou de estruturas temporais) não é reflexo de sua *agenda*, mas de seu *poder*. Ele constrói muito por causa de seu chamado, mas não tem sua identidade pessoal definida a partir do que edifica, assim não usurpa os necessitados no processo. Satisfaz sua necessidade de identidade pessoal através da busca de Cristo, não através de seus *projetos*. Tem um clamor que é visto claramente por seus observadores: "Preciso dEle. Preciso contemplá--lO. Preciso aprender dEle. Preciso conhecê-lO!" É a busca pela excelência do conhecimento de Cristo que torna Davi seguro de ser seguido. Por quê? Porque as pessoas não são meios para seus fins. O que ele procura não pode ser melhorado através da reunião de pessoas a seu redor. *Um líder é seguro de ser seguido quando nenhum seguidor pode ajudá-lo ou impedir sua agenda íntima, porque seu desejo é buscar e ganhar a Cristo.*

Não foram as habilidades pessoais superiores que Davi tinha que o tornaram seguro, porque a história mostra que ele tinha falta delas. Foi seu coração para com Deus que o fazia seguro. No entanto, Absalão não achava isso. Ele se sentiu violado e ignorado. Mas, em última análise, o problema não era o fato de Davi não ter muitas habilidades, mas sim o coração amargo de Absalão. *O pai tratou o filho de forma imperfeita, mas continuava buscando a Deus; o filho respondeu de forma incorreta e deixou a amargura crescer por causa dos seus motivos egoístas que não foram submetidos à cruz.*

Um dos principais elementos que determinam o quão seguro é seguir um líder é perceber como ele lida com suas inseguranças. Geralmente, a insegurança é um mecanismo interior de autoproteção que fica escondido até o tempo da crise, confrontação, stress ou humilhação. Assim como qualquer líder, Davi tinha suas incertezas, mas aprendeu a apresentá-las a Deus e a permitir-Lhe que lutasse por ele.[3] Esse rei se recusava a lutar por si mesmo. Por outro lado, Saul nunca enfrentou suas inseguranças e assim se tornou um líder que se autopreservava. *A consequência da fidelidade a si mesmo é a autopreservação que acaba na busca por eliminar qualquer outra pessoa.* Este ins-

---

3 1 Samuel 30:6

tinto está em todos nós. Todos temos o potencial para sermos um Saul ou um Davi. Algumas vezes transitamos de um para outro — entramos no modo de serviço e depois voltamos à autopreservação. *A marca da lealdade a Deus é que abrimos mão de nos apoiarmos em nossa autopreservação.* Davi encontrou uma maneira de levar suas inseguranças diante do Senhor e colocá-las na maravilhosa posição de observar a Majestade excelente. Você estará mais seguro ao se submeter a líderes que conseguiram resolver suas inseguranças no amor de Deus. Aqueles que confiam no amor sabem que o Senhor irá lhes garantir o *status* que lhe foi designado diante dos homens; não precisam se acotovelar para achar seu lugar.

Uma das maiores crises da igreja atualmente são os líderes que não depositaram suas inseguranças no lugar de intimidade com Jesus — ouvindo a voz do Noivo — e que não encontraram todos seus anseios e desejos preenchidos na Sua presença. Em vez de ter sua identidade estabelecida em Cristo, tais líderes normalmente a encontram em seu relacionamento com a Esposa do Cordeiro, a Noiva, e veem os crentes como um recurso básico para cumprir sua visão. Aqueles que entregam sua lealdade a líderes que são assim correm o risco de, com o tempo, se sentirem manipulados ou usurpados.

Muitos santos no corpo de Cristo anseiam dar seu coração em lealdade a um dos Davis de Deus, mas a triste verdade é que nem todo líder dotado e ungido na igreja tem um coração como o de Davi. Alguns são motivados, normalmente de uma forma inconsciente, por desejos de importância pessoal e realizações visíveis. As pessoas se tornam meios para lhe ajudar a atingir seus alvos. Líderes ungidos com alvos ministeriais de construção não são tão seguros para se seguir por duas razões: *primeira, precisam reunir pessoas em torno de si para cumprir seus planos.* Quando não atingem os alvos ou expectativas sua tendência é colocar a culpa em seus seguidores. Frustrados, alguns deles às vezes tratam as pessoas de forma a produzir desilusão e dor. *Em segundo lugar, quando olham para as realizações ministeriais a fim de terem senso de identidade e realização, Deus lhes resiste porque sua identidade é construída em um fundamento ruim.*

Um conselho: cuide para não adotar uma atitude de policial que vai ao redor no corpo de Cristo tentando adivinhar quem tem e quem não tem um coração como o de Davi. Esse é o aviso que Gene Edwards dá ao escrever: "Os homens que seguem aos Sauls entre nós, muitas vezes crucificam os Davis"[4].

---

4   O Perfil de Três Reis, Gene Edwards, São Paulo: Editora Vida, 1987.

"Parece que ali temos um construtor de reinos." "Esse é um homem que tem uma agenda." "Oh, oh, cuidado com aquela irmã, ela está tentando construir algo." Comece a se intrometer desta maneira no corpo de Cristo e Deus irá resistir a você. Em vez disso que sua oração seja: "Deus, faz de mim um Davi! Dá-me um coração íntegro para temer Teu nome!"

"Mas Meu Líder Não é Tão Maravilhoso Quanto Davi"

É fácil pensar: "Eu teria sido leal se estivesse debaixo da autoridade do Rei Davi. Mas a verdade é que quem me lidera não é como ele". Achamos que Davi era um líder tão maravilhoso que era fácil ser fiel a ele. Para falar a verdade, esse rei teve mais revoltas contra sua liderança do que a maioria dos reis da Bíblia. Nem todos tinham se disposto a serem fiéis a ele. Aqueles que buscavam seus defeitos não precisavam olhar muito longe.

Honestamente, todos os líderes humanos têm áreas de dificuldades, fraquezas e disfunções em seu estilo e habilidades de liderança. Embora façam seu melhor, ainda decepcionam. Muitas pessoas se tornam desleais a seus líderes porque percebem sua fraqueza. Se esperar que um líder mereça sua fidelidade, no entanto — isto é, se esperar que ele lhe trate como gostaria de ser tratado — você corre o risco de não ser leal a ninguém.

Um espírito é fiel a quem o lidera não porque tenha sido tratado com perfeição, mas porque Deus uniu seu coração ao do líder através do Espírito. *Ele reconhece que, mesmo que certo líder tenha fraquezas, a mão de Deus ainda está sobre ele ou ela para fazer o bem.* Assim se beneficia da parceria e compartilha uma dimensão de produtividade que não se encontrará na vida de quem não conseguiu mais andar com aquele líder. A pessoa desleal se sente justificada em ir para uma direção diferente, mas no final das contas é a quantidade de fruto em nossas vidas que definem se somos sábios em nossas escolhas. *A fidelidade produz mais fruto constante.*

Tipicamente achamos que a presença da lealdade é determinada pelo líder. Isto é, se o líder a merece, ele ou ela ganhará a fidelidade dos outros. Porém o que estou sugerindo é que sua presença é mais função do *seguidor* do que do *líder*. Ela não se baseia tanto na proeza do líder quanto no fato do seguidor ter ou não um espírito leal.

O mesmo princípio é válido no casamento: o poder da fidelidade vem de dentro. Aqueles que são verdadeiros em seus votos matrimoniais não são fiéis porque se casaram com o cônjuge perfeito, mas porque têm um coração verdadeiro e nobre. Um homem fiel é verdadeiro com sua esposa não por causa de quem *ela* é, mas por causa de quem *ele* é. Alguém pode argumentar: "Não fui fiel à minha esposa porque ela muito difícil de conviver". A estes eu responderia, não fale da sua infidelidade como se ela fosse problema da outra pessoa. Sua deslealdade não foi motivada por algo nela, mas por causa de algo em você. Um espírito leal encontra seu ímpeto em seu interior.

A grande questão é: "Eu tenho um espírito fiel? Primeiramente a Deus e depois a Davi?" Um espírito fiel supera a turbulência das fraquezas de Davi e persevera até o fim quando compartilhará a glória das suas conquistas.

Para discussão em grupo:

1. Discuta a afirmação: "não teremos verdadeiramente determinado se temos um espírito fiel até que examinemos como nos relacionamos com aqueles que estão acima de nós". Quando você se avalia quais são suas conclusões?
2. Já houve alguma ocasião em que sua fidelidade tenha sido testada e você só o percebeu mais tarde? Compartilhe esta experiência.
3. Neste capítulo dissemos: "Se esperar que um líder mereça sua fidelidade, no entanto — isto é, se esperar que ele lhe trate como gostaria de ser tratado — você corre o risco de não ser leal a ninguém". Você concorda? Tem em mente alguma situação que apoie sua opinião?
4. Você concorda com a distinção que o autor faz entre *agenda* e *poder*? Como você descreveria sua agenda pessoal e seus poderes?
5. Vamos falar sobre inseguranças. Quais são seus instintos de autoproteção que o impedem de ser um líder davídico?
6. Dissemos que foi o coração para com Deus que o tornou um líder seguro de ser seguido. Essa afirmação desafia suas prioridades como líder? Fale sobre seu desejo de ser um Davi.

CAPÍTULO 15

Os Fundamentos da Fidelidade

Então a questão de suprema importância é: Como vamos determinar a quem dar nossa lealdade? Todos queremos ser fiéis, mas que critérios deveríamos usar na decisão de a quem ser leal?

Vejo seis questões gerais pelas quais devemos ser fiéis a alguém.

- A fidelidade é baseada em uma história de relacionamento comprovado.
- A fidelidade é baseada em aliança.
- A fidelidade é baseada na convicção de que Deus é fiel a Davi.
- A fidelidade a Davi está enraizada em um desejo de compartilhar as promessas feitas a ele.
- A fidelidade é baseada em uma ligação verdadeira entre pai/filho.
- Deus espera que tenhamos um espírito fiel quando coloca alguém sobre nossa vida.

A Fidelidade É Baseada Em Uma História De Relacionamento Comprovado

Quando as pessoas já provaram ao longo dos anos que são confiáveis, altruístas, acolhedoras, generosas e trabalhadoras, então é compreensível que entregue sua fidelidade a elas. Por exemplo, seus pais. Se eles foram amorosos e justos na sua criação, você provavelmente lhes é fiel. Vai ficar ao lado deles através de quase todos os desafios porque eles fizeram isso por você quando precisou. O Senhor se alegra neste tipo de lealdade aos pais, conferindo-lhe a bênção de uma vida longa.[1]

Fidelidade é coisa de família. É algo que flui entre filhos e pais, entre filhas e mães. Está nos genes; é uma ligação de DNA.

Há fidelidade entre irmãos e irmãs, mas esta é diferente da que ocorre entre pais e filhos. Irmãos vão ficar ao seu lado em lealdade, mas não vão estar debaixo da sua autoridade. Sua prole é que fica sob sua autoridade e cobertura de bênção. É linda a fidelidade entre amigos, mas um relacionamento entre iguais faz com que os amigos arem campos distintos. A coisa que mais edifica no Reino é a fidelidade dos filhos caminhando em submissão aos pais, porque vão arar juntos a mesma terra.

A única época em que irmãos trabalham a terra juntos é se estiverem sob a proteção de seu pai. Se não houver um pai para uni-los, eles se separarão. No entanto, realiza-se mais quando os irmãos se unem sob uma visão comum. É por isso que os pais são tão importantes. Eles são o ímã que mantém os filhos construindo, crescendo e trabalhando juntos. *Quando os pais estão no seu lugar, como os filhos reunidos ao seu redor, o Reino de Deus desfruta de sua maior expansão. Quando eles faltam, os filhos tendem a se dispersar trazendo o impacto de seus esforços serem difusos e reduzidos.*

Com frequência nossa fidelidade a pais espirituais é baseada em sua constância em nos cuidar. Você pode considerar alguém como seu pai ou mãe espiritual porque aquela pessoa o conduziu ao Senhor, ou o tem alimentado na caminhada cristã, ou serviu para firmar seu coração na fé e no amor. Ele ou ela provou ser um verdadeiro pastor, não um mercenário. Quando alguém causou um impacto espiritual profundo em sua vida, é natural que se pegue sendo leal a esta pessoa. Tudo aquilo que ele lhe deu para sua vida foi um divisor de águas. A lealdade jamais vai negar esse tipo poderoso de história com um pai ou mãe na fé.

Paulo apelou aos coríntios para que dessem seu coração em fidelidade à sua supervisão, um apelo que foi repetidamente expresso em sua segunda carta a esta igreja. Ele conta sua história de ministério em seu meio como uma boa base para sua lealdade. "Vós sois nossa carta, escrita em nosso coração, conhecida e lida por todos os homens. Porque já é manifesto que vós sois a carta de Cristo, ministrada por nós e escrita, não com tinta, mas com o Espírito do Deus vivo; não em tábuas de pedra, mas nas tábuas de carne do coração" (2 Coríntios 3:2-3). Paulo já provara seu cuidado com eles, e agora <u>achava que a fidelidade</u> deles seria a resposta adequada.

---

1   Efésios 6:3

A fidelidade normalmente existe onde os seguidores têm uma admiração pelo estilo de liderança de seu líder. Já o avaliou como sincero, confiável, seguro, possuindo o favor divino, como buscando os mesmos objetivos e valores que também procuramos, e o faz de forma que conquista nossa aprovação. A fidelidade diz: "Gosto de para onde você vai e aprecio a forma como o faz; quero ir com você".

A lealdade une seu coração a Davi porque veio a confiar nos motivos íntimos dele. Mesmo que não seja perfeito, a lealdade avalia que seus motivos são nobres. Mesmo que Davi o machuque nunca terá *intenção* de fazê-lo. Então, quando sua motivação parecer questionável a fidelidade dirá: "Sei que ele nunca quis fazer o que acabou fazendo. Estou com ele a tanto tempo que sei que jamais teve a intenção de machucá-lo".

Davi já provou, ao longo do tempo, que é um bom pastor. "O bom pastor dá sua vida pelas ovelhas" (João 10:11). Seu cuidado com o gado vem antes de agendas pessoais. Ele não confia em seu coração, mas vive na percepção de que ele mesmo é um líder falho. Uma das coisas que o torna seguro é que ele está mais preocupado em agradar a Deus do que as pessoas. O tempo já provou a autenticidade do seu coração e suas motivações e agora seu coração já formou uma aliança de amor.

Meu amigo Paulo Johansson conta uma ótima história sobre lealdade que remonta aos anos em que serviu como missionário em Nairóbi, Quênia, onde fundou uma Escola Bíblica em 1967. Era sua responsabilidade, como diretor, encontrar um cozinheiro para a instituição. Perguntou para algumas pessoas e finalmente alguém lhe disse que conhecia um bom profissional que servira no hospital local. Havia só um problema — o cozinheiro estava preso. Assim, Paul foi para a prisão local e disse ao funcionário da recepção "Quero ver Elias Irungu". Ouviu as portas da cela se abrirem e um homem alto e calvo apareceu no balcão. Paul perguntou: "Qual foi seu crime?" Ele respondeu que enquanto trabalhava nos hospital, houve duas ocasiões em que teve que repreender o cozinheiro chefe porque vira "o demônio em seus olhos". A segunda vez que o fez, Elias tinha uma faca na mão o que quase causou um infarto no chefe. Então, Elias foi trancafiado imediatamente. Paul disse ao oficial: "Este é meu amigo. Vou levá-lo comigo". Assinou o registro e o levou consigo (obviamente isso não aconteceu nos Estados Unidos!). Ele o tirou da prisão, o colocou em um alojamento e o pôs como cozinheiro da escola. Disse-me: "Ele era o trabalhador mais confiável e leal que eu tinha". De vez em quando ele repreendia os alunos e os outros missionários queriam que Paul o demitisse. Mas ele dizia: "Não, enquanto eu estiver aqui, ele ficará comigo!" Depois que Paul voltou para os Estados Unidos visitava ocasionalmente o trabalho na África e naturalmente via como Elias estava se saindo. E lá estava, cozinhando fielmente e ainda grato a Paul por ter lhe tirado da prisão. Meu amigo lhe demonstrou boa vontade e agora tinha um amigo para a vida toda. Recentemente Elias se aposentou, depois de 31 anos cozinhando. Paul resume seu relacionamento assim: "Fiel até o fim e ainda meu amigo". A fidelidade de Elias estava baseada em sua comprovada história juntos.

A Fidelidade É Baseada Em Aliança

Nem todas as formas de fidelidade são baseadas na aliança, mas algumas são. Pegue, por exemplo, a que existe no casamento. Há uma fidelidade nele que é baseado no fato de duas pessoas que fizeram um altar diante de Deus e chegaram a um relacionamento de aliança. E há uma frase nos votos de casamento que diz: "E para isso empenho a minha honra". Realmente há um compromisso de fidelidade de um para com o outro. "Na alegria e na tristeza" quer dizer os casais se comprometem a serem leais um ao outro em meio às vicissitudes da vida.

A fidelidade que existe nesse relacionamento é realmente extraordinária. Ela faz com que as pessoas afastem qualquer afeição concorrente e devotam seus corações em fidelidade a somente uma pessoa.

Conheço pessoas que permaneceram fiéis a seu cônjuge mesmo depois de ele ter sido infiel a seus votos matrimoniais. Abusaram deles e os menosprezaram e mesmo assim sua fidelidade muitas vezes permanece. É algo incrível de ser visto!

Também há a fidelidade que os crentes têm uns para com os outros que é fundamentada na aliança — na Nova Aliança. A Ceia do Senhor é uma refeição pactual que confirma essa fidelidade. Nós comemoramos o fato de termos sido incluídos na aliança com Deus e com nossos irmãos crentes. Lembramos que estamos unidos uns aos outros — "Porque nós, sendo muitos, somos um só pão e um só corpo; porque todos participamos do mesmo pão" (1 Coríntios 10:17). Assim sendo, é uma refeição de lealdade onde se celebra nossa fidelidade ao corpo católico[2] de Cristo e ao próprio Senhor. Paulo enfatizou isto quando os relembrou do contexto da primeira Ceia: "o Senhor Jesus, na noite em que foi traído, tomou o pão" (1 Coríntios 11:23). Jesus serviu a refeição no contexto de uma traição. Cada vez que participamos dela honramos nossa união com nossos irmãos e irmãs e declaramos que a traição

---

2 "católico" significa "universal".

não tem lugar nesta celebração. Aquele que come com traição ou infidelidade no coração "come e bebe para sua própria condenação, não discernindo o corpo do Senhor" (1 Coríntios 11:29).

Mas agora quero fazer uma distinção. Há uma diferença entre ser leal ao corpo universal de Cristo e expressar lealdade a uma igreja específica. *Está certo expressarmos uma lealdade à aliança com o corpo de Jesus Cristo através da Ceia do Senhor; mas é perigoso invocar a aliança quando estamos expressando a fidelidade a uma congregação ou líder específicos.* É bom expressar *compromisso* com sua igreja local; mas uma lealdade de aliança pode ser uma armadilha que pode causar feridas desnecessárias.

Dentro da igreja de Jesus Cristo estou convencido de que é perigoso invocar uma aliança como a de um casamento para extrair lealdade dos crentes a uma congregação local. Certa vez estive em uma igreja que tinha uma declaração de aliança para que seus membros assinassem e que era vista como uma expressão de fidelidade uns aos outros. Avaliando essa abordagem anos mais tarde percebi que o fruto daquele tipo de fidelidade pactual não foi positivo. Levou as pessoas a serem feridas e ao fracasso. Em casos em que a aliança entrou em colapso os santos se dividiram com condenações e acusações.

Assim a aliança como fundamento para a fidelidade fica melhor no contexto do casamento. Mas pode haver uma exceção na igreja. Quando um pastor ou líder de ministério estiver contratando outros para assisti-lo na obra é compreensível que ele deseje lealdade daqueles que serão pagos no seu grupo de trabalho. Seria apropriado para um membro da equipe dizer ao líder: "Comprometo-me a ser leal a você enquanto estiver em seu *staff*. Se eu perder minha lealdade, então abandonarei meu cargo". A última coisa que um espírito leal quer é permanecer em uma equipe ou ministério onde a fidelidade se dissipou. E durante o período de transição, a última coisa que desejará é ser desleal ao líder enquanto se retira.

A Fidelidade É Baseada Na Convicção De Que Deus É Fiel A Davi

Embora eu seja leal a Jesus pelo que Ele fez por mim ao pagar por minha redenção, também lhe sou leal por esta razão simples: Deus Pai é fiel a Ele. *Quero ser fiel a qualquer pessoa a quem Deus seja fiel.* Sei que o Pai é tão leal a Jesus que vai por Seus inimigos por escabelo para Seus pés. Nada pode impedir essa determinação divina. Então minha lealdade está com Jesus porque sei que aqueles que Lhe são fiéis irão compartilhar de Seu triunfo.

De forma semelhante, quero ser fiel àqueles líderes a quem creio que Deus seja fiel. Se o Senhor é seu amigo, quero ser seu amigo. Se Ele luta por eles, vou ficar ao seu lado. Se gosta deles, então quero gostar deles também.

Davi permaneceu fiel ao seu Deus[3] — mesmo no deserto dos sonhos destruídos. Então Deus lhe foi fiel. Creio que possamos invocar o princípio do Salmo 18:25 e dizer que ao fiel, Ele se mostra fiel. O Senhor se mostra leal para aqueles que se demonstram fiéis a Ele.

Quando você encontrar um Davi, seja leal a ele ou ela. Quando encontrar um líder cujo coração esteja resolutamente buscando a Deus, você estará mais seguro em entregar-lhe sua fidelidade porque o próprio Senhor é fiel aos Seus Davis. Se você hesita porque sua lealdade foi violada no passado, então clame a Deus por graça porque é hora de amar de novo.

Uma razão primordial porque o Senhor foi fiel a Davi é porque sua prioridade básica era a intimidade com Deus. Em tempos bons ele não se distraía de manter a face de Deus como sua busca principal. E quando os tempos eram de dureza se retirava para o lugar secreto do Altíssimo. Ele não permitia que a destruição ou a bênção sabotassem sua fidelidade a Deus. Em resposta o Senhor ficou ao seu lado de forma bastante incomum.

Quando você reconhece que Deus é fiel com seu Davi, seu coração conseguirá descansar naqueles tempos em que ele tomará decisões tolas. Embora Davi tenha feito escolhas erradas, Deus estava determinado a trazê-lo para o outro lado da bagunça. Você não é fiel a Davi porque ele é perfeito, mas porque sabe que o Senhor está comprometido em guiá-lo pelo processo de arrependimento, disciplina e restauração. Ainda que ele caia sete vezes, irá, com certeza, levantar-se para seu destino.[4] Então a fidelidade decide: "Acho que Deus gosta deste homem. O Senhor está com ele. Luta por ele. Quero estar ao seu lado". Quando vemos a fidelidade de Deus a Davi nossa lealdade a ele se torna possível.

Algumas pessoas se tornam leais a um líder porque estão impressionadas com sua capacidade, ou pela sua unção, ou sua personalidade cativante, ou habilidade como construtor. Mas tudo isso é base fraca para a fidelidade. Só porque um líder tem muitos dons não quer dizer que ele tenha desenvolvido o tipo de caráter íntimo que conquista o sorriso de Deus. Em vez de

---

3   1 Reis 11:4
4   Provérbios 24:16

perguntar: "Esse é um líder capaz?" deveríamos perguntar: "Deus é fiel a este líder?"

Mais uma vez deixe-me citar a afirmação de fidelidade de Amasai: "Nós somos teus, ó Davi! Contigo estamos, ó filho de Jessé! Paz, paz seja contigo, e paz seja com quem te ajuda! Pois teu Deus te ajuda" (1 Crônicas 12:18). A razão da sua fidelidade é declarada nestas palavras simples: "Pois teu Deus te ajuda". Elas não sua uma afirmação de uma opinião pessoal, são uma declaração profética da verdade divina. Deus estava do lado de Davi, trabalhando com ele e por ele em todas as coisas. Amasai e seus seguidores reconheceram isso e então uniram seus corações ao do rei porque queriam estar onde Deus operava.

Guerreiros inteligentes reconhecem que você não necessariamente quer estar no exército que tem mais soldados; você deseja estar naquele que é ajudado por Deus! Então, mesmo que Davi esteja escondido em uma caverna e debaixo de acusações, a fidelidade se convence de que o Senhor o livrará. Quando encontra um líder que seja ajudado por Deus, a sabedoria lhe sugere que una seu coração ao dele.

A Fidelidade A Davi Está Enraizada Em Um Desejo De Compartilhar As Promessas Feitas A Ele

Uma das marcas daqueles a quem Deus é fiel é que Ele tem a tendência de lhes fazer grandes promessas — até promessas aparentemente incondicionais — a eles. Isso é glorioso e aterrador. Aterrador — porque nós servimos a um Deus que está radicalmente resolvido a cumprir Seu propósito e nos trazer a Seu fim determinado; e glorioso — porque "as muitas promessas feitas por Deus têm nele o sim. Portanto, também por ele é o amém, para a glória de Deus, por nosso intermédio" (2 Coríntios 1:20). A fidelidade é suficientemente sábia para ver as gloriosas promessas de Deus dadas a um de Seus Davis e diz: "Estou dentro!"

Quando Abner estava tentando reunir a fidelidade do povo de Israel de volta a Davi, ele o fez ao reiterar as promessas divinas ao rei.[5] O povo se juntou a Davi porque criam nas promessas.

Deus fez promessas incomuns de conquista do Reino a Davi, e a lealdade se alinha a ele porque reconhece que o Senhor está em aliança com Seu servo. Quando se vir sob a liderança de um dos Davis de Deus, creia nas

---

5   2 Samuel 3:17-18

promessas do Senhor e irá desfrutar de seu cumprimento juntamente com o líder.

As promessas raramente são dadas a grupos ou instituições, normalmente são entregues a um homem ou mulher. *A fidelidade crê nas promessas de Deus, portanto, é uma expressão de fé.* Quando o líder a recebe, todos aqueles que permaneceram com ele também desfrutarão dela. Se perder a fé e transferir sua lealdade a outro então irá se tornar herdeiro das promessas que foram dadas ao outro líder e se privar das bênçãos prometidas ao líder anterior. Assim, uma das questões da fidelidade é: quais promessas você quer compartilhar?

Duas vezes durante o reinado de Davi as pessoas tiveram que escolher entre ele e um dos seus filhos. Escolheriam Davi ou Absalão? Davi ou Adonias? Aqueles que fizeram a escolha errada muitas vezes descobriram que ela era mortal. Quando somos forçados a escolher lealdades provavelmente estaremos em uma encruzilhada muito importante em nossa vida. Nossa opção pode afetar o resto de nosso destino em Deus. Quando as lealdades são escolhidas, podem se passar anos antes que o fruto da opção de alguém seja completamente manifesto. A sabedoria de ir com Davi, no entanto, irá aparecer com o tempo. *Meu conselho: vá com o homem que tem a promessa. Absalão tinha carisma. Davi tinha a promessa.*

Ló é um exemplo de um homem que estimava pouco as promessas que Deus havia dado a Seu servo Abraão. Como sobrinho do patriarca, ele lhe foi leal por muitos anos. Enquanto ficou sob o âmbito da cobertura de Abraão, desfrutou grandes bênçãos. Mas parece que Ló prosperou e começou a desenvolver atitudes negativas com relação ao tio. Ele fora abençoado por sua afiliação com Abraão, mas foram essas bênçãos que o desviaram dele. Começou uma rixa em seu relacionamento. Aqui está o relato para que você se recorde.

"A terra não tinha capacidade para poderem habitar juntos, porque sua fazenda era muita; de maneira que não podiam habitar juntos. Houve contenda entre os pastores do gado de Abrão e os pastores do gado de Ló. Os cananeus e os perizeus habitavam então na terra. Disse Abrão a Ló: Ora, não haja contenda entre mim e ti, entre meus pastores e teus pastores, porque somos irmãos. Não está toda a terra diante de ti? Eia, pois, aparta-te de mim. Se escolheres a esquerda, irei para a direita; se a direita escolheres, irei para a esquerda" (Gênesis 13:6-9).

As Escrituras são muito discretas sobre a natureza da confrontação, assim não sabemos qual era a questão, nem quem estava certo ou errado.

Se soubéssemos toda a história, possivelmente veríamos que Abraão ficou de alguma maneira decepcionado com Ló. Mas quer a reclamação do sobrinho fosse válida ou não, Abraão era o homem com as promessas de Deus, e Ló não honrou suficientemente este fato.

A fim de resolver um embate crescente entre Ló e seus servos, Abraão sugeriu ao sobrinho que se mudasse para a direção de sua escolha, enquanto ele iria para a direção oposta. Ló escolheu a planície mais bonita enquanto seu tio se retirou para a região montanhosa. Ló ficou em uma situação de vida melhor, mas Abraão tinha as promessas. Por ocasião do encerramento da história, o sobrinho estava escondido em uma caverna com suas duas filhas, destituído de sua esposa e de todas as posses, enquanto Abraão estava vivendo em abundância e com um menino fruto de um milagre (Isaque) em seus braços.

A Bíblia não nos diz que Ló tenha sido desleal a Abraão, então por que eu sugeriria algo assim? Porque quando tudo ficou amargo para Ló e ele terminou como um necessitado em uma caverna, se tivesse permanecido fiel em seu coração poderia ter voltado para Abraão. Mas por causa de sua amargura nunca conseguiu retornar para seu pai espiritual. A infidelidade havia cunhado uma obra diabólica em sua alma e em seu momento de necessidade não foi capaz de voltar para o que poderia ter sido um retorno ao lar de bênção e restauração. A deslealdade não o permitiria voltar ao homem das promessas.

O exemplo deste homem demonstra que a lealdade é muito difícil de recuperar uma vez que tenha sido violada. A infidelidade raramente volta a ser fidelidade. Ainda que Abraão tenha salvado a Ló e sua família em batalha[6] e mesmo que tenha intercedido por ele quando Deus estava a ponto de destruir Sodoma[7], Ló não conseguia voltar para ele em seu coração. Abraão continuava a amá-lo, mas ele tinha perdido o amor. E uma vez que o amor se foi a lealdade também se foi para sempre. E Ló pagou caro por isso.

Pedro chama Ló de homem justo[8] então a questão com ele não era se era justo diante do Senhor, nem se teria uma herança eterna no Reino de Deus. A infidelidade não fez com que perdesse a salvação; mas fez com que perdesse as bênçãos do Reino. A consequência mais grave desta deslealdade não foi colhida por ele, mas por seus descendentes. Como resultado do caminho que tomou em se separar do amigo de Deus, sua descendência se tornou naqueles que juntavam outras nações para perseguir o povo do Senhor.

---

6 Gênesis 14
7 Gênesis 18
8 2 Pedro 2:8

Jesus disse: "Mas a sabedoria é justificada por todos os seus filhos" (Lucas 7:35). Em outras palavras a sabedoria da escolha de alguém nem sempre é manifesta até que o fruto seja observado nas vidas de seus filhos. A sabedoria de Ló em se afastar de Abraão é vista no caminho de seus dois filhos. As nações que nasceram deles, Amom e Moabe, organizaram uma confederação para se opor a Israel[9] e se tornaram em perseguidores históricos do povo de Deus. O problema, aparentemente, é que Ló perdera a fé nas promessas dadas a Abraão.

Quando há conflitos entre líderes na mesma equipe, eles algumas vezes procurarão por ajuda chamando líderes denominacionais ou neutros que sejam estimados por ambos. Há duas questões importantes que mediadores que julgam o caso procuram discernir: a que ponto cada parte está operando no espírito da verdade? E a que ponto operam no espírito do amor? A primeira pergunta busca discernir quem está certo e quem está errado; a segunda olha para o espírito com que cada parte está operando. É possível que Abraão cometa alguns erros, mas ainda seja abençoado por Deus porque está agindo em amor. É importante para o Senhor quem está certo ou errado, mas é ainda mais importante que amemos uns aos outros. Abraão cedeu e favoreceu a Ló, demonstrando o tipo de caráter que agradou o coração de Deus. Esta é uma razão porque o Senhor fica tão alegre em estender-lhe tantas promessas fantásticas. Infelizmente Ló não as compartilhou.

A Fidelidade É Baseada Em Uma Ligação Verdadeira Entre Pai/Filho

Feliz é o filho a quem Deus dá um pai espiritual genuíno — um pai com um coração grande para ajudar seus filhos a cumprir plenamente seu destino. Ainda mais feliz é o filho quando o Senhor lhe dá poder para ser um filho verdadeiro para este pai.

Nem todos os filhos são verdadeiros. Absalão era um filho natural de Davi, mas não era verdadeiro. Um filho verdadeiro é leal. Mesmo que ele tivesse vindo da corpo de Davi, não era verdadeiro e fiel.

A expressão "filho verdadeiro" foi cunhada por Paulo quando falava de seus dois filhos na fé.

"A Timóteo, meu verdadeiro filho na fé" (1 Timóteo 1:2).

"A Tito, verdadeiro filho, segundo a fé comum" (Tito 1:4).

---

[9] Salmo 83:5, 8

15. Os Fundamentos da Fidelidade

Timóteo e Tito eram ambos filhos verdadeiro para Paulo — isto é, tinham provado sua fidelidade a ele muitas vezes. Paulo não chamou Timóteo de filho verdadeiro porque havia o levado a Cristo; na verdade, o rapaz era um crente antes de conhecer a Paulo. Então, o apóstolo não está dizendo: "Você é meu filho verdadeiro porque eu o conduzi na oração do pecador arrependido". Em vez disso, dizia: "Você é meu filho verdadeiro porque quando se levantaram circunstâncias que desafiaram sua fidelidade, você provou sua lealdade permanecendo verdadeiro a mim. Você passou no teste. Agora sei que sempre será fiel e amoroso comigo".

Uma das marcas de grandeza é quando um líder tem a habilidade de reunir ao seu redor pessoas que lhe sejam leais. Conheço alguns pais na fé que têm um magnetismo incomum e que atrai filhos a si — filhos que estão ansiosos para serem adotados e que desejam ser filhos verdadeiros. Ninguém pode fazer esse tipo de pai. Você pode "fazer discípulos" (Mateus 28:19), mas não pais espirituais. Somente Deus pode fazer um pai, formando e desenhando-o na fornalha de Seu fogo refinador.

Absalão, Adonias e Salomão foram filhos congênitos de Davi, mas dos três só o último foi leal. Alguns dos mais piedosos descendentes de Davi (notavelmente Josafá e Ezequias) cometeram grandes erros em colocar automaticamente seus primogênitos como reis, sem usar outro discernimento no processo de seleção, do que o fato de que eles eram os mais velhos. Isso produziu grande caos na terra. Davi, por outro lado, colocou Salomão por causa de sua lealdade.

Antes de sua coroação Salomão demonstrou sua lealdade quando esperou pacientemente para que Davi iniciasse o processo.

Um pai ou mãe verdadeiro usa seus recursos pessoais para ajudar aos filhos e filhas a encontrar seu próprio destino e propósito. Estão até dispostos a sofrer perda pelo bem deles. Essa abnegação irá gerar nos filhos uma doação de lealdade. Por outro lado, se um pai os estiver usando como meios para apressar sua agenda eles perceberão logo e se retirarão rapidamente.

Para ser um pai eficiente é essencial que ele tenha seus anos de enriquecimento pessoal. Por quê? Ele deve ter algo para dar, algo a passar para a próxima geração. Alguns nunca entram na paternidade espiritual porque nunca se aprimoraram de forma efetiva.

Um cenário comum na igreja é ver aqueles que queriam ser pais e mães espirituais ficando tão concentrados na busca pelo aprimoramento pessoal que perderam a perspectiva do porquê estavam se aprimorando. Tornaram-se egocêntricos e fracassaram no uso de seus recursos para capacitar os filhos e filhas. É necessário que chegue o tempo de transição em que vão sair da esteira automática do autoaprimoramento e voltar seus corações aos liderados.

Davi estava comprometido a usar seus próprios recursos para enriquecer as vidas de seus homens. Comprometeu a imensidão de suas posses a fim de que eles o administrassem, fazendo de alguns capitães de cinquenta, outros de cem e outros de milhares. De sua parte eles se doaram para protegê-lo sabendo que seriam abençoados com a bênção de Davi — porque ele compartilha tudo.

Deus nos dá alguns Davis como esse hoje em dia — pais que enriquecem seus filhos através realizações conjuntas! Melhor ainda, o Senhor fez de mim esse tipo de líder.

Não é que o pai se empobreça por causa dos filhos. Se o pai ficar empobrecido ele terá perdido o recurso básico que o capacita a dar algo para a próxima geração. Os filhos não querem um pai pobre, mas querem um que esteja disposto a se despojar para melhorar seus filhos.

Quando um líder está enriquecido e entronizado como Davi em seu reino, a glória dos seus filhos o faz ainda mais rico.[10] Os filhos gostam de se gloriar no bom nome de seu pai[11]. Por sua vez, os pais alegram-se em se gloriar em seus filhos.[12]

Quando um filho com espírito leal encontra um pai que se despoja para favorecer o filho, ele será verdadeiro pelo resto de seus anos juntos. Investir nos filhos realmente diminui os recursos do pai, mas ele tem a alegria de ver seu filho andar por si próprio. E o filho é grato em lealdade porque sabe que não estaria tão longe em sua jornada sem o favor de seu pai. Um vínculo de amor se formou entre eles, produzindo uma fidelidade afetiva. *No fim das contas o exemplo do pai em abençoar seu filho verdadeiro irá capacitá-lo a se levantar por si mesmo como um pai que favorece a geração seguinte.*

Deus Espera Que Tenhamos Um Espírito Fiel Quando Coloca Alguém Sobre Nossa Vida

Se Deus o coloca em determinado trabalho, Ele espera que você demonstre um espírito fiel a seu chefe. Mesmo que não goste dele pode honrar sua posição sobre sua vida e servi-lo com espírito leal.

---
10 Provérbios 17:6
11 Provérbios 22:1
12 Como fez Paulo em 1 Tessalonicenses 2:19-20

Se Deus o planta em um ministério então sirva com espírito excelente. Deus esperava que Coré fosse fiel a Aarão — não por algo que Aarão tenha feito — mas porque o Senhor o colocou em posição superior. Quando Coré desonrou esse posicionamento as consequências foram desastrosas.

Quando Deus, de forma soberana, coloca você sob o ministério de alguém por algum tempo, sua lealdade deve ser mais ao ofício do que ao homem ou mulher. Mesmo que o líder não tenha um coração como o de Davi, ele possui seu ofício. Deus fez com que a vara de Aarão florescesse para demonstrar sua fidelidade à função que o sacerdote exerce. O Senhor fará com que as varas dos Seus líderes floresçam quando estiverem no ofício que Ele lhes designou. Em outras palavras, irá abençoar seu ministério com Sua unção. É Seu sinal de aprovação sobre a função que a pessoa exerce obedientemente.

Algumas vezes podemos nos ver sob um líder a quem lutamos para sermos fiéis, e mesmo assim reconhecemos que Deus o colocou lá por um período. Não estou dizendo que nesses casos você deva se sentir leal a este líder; digo, simplesmente, que deve se relacionar com ele em espírito de fidelidade. Isto é, não fazendo nada que possa ser interpretado como traiçoeiro. Não espalhe calúnias ou fofocas; recuse-se a incitar dissensão; não ajunte um grupo que tenha questionamentos semelhantes sobre o líder. Apoie-o com integridade por quanto tempo estiver com ele. Não se retire com sua boca falando impropriedades. Se Deus o liberar para partir, saia discretamente. *Um espírito leal tem duas opções: se relacionar com o líder com um espírito nobre ou se retirar discretamente.*

Embora Davi não confiasse em Saul ele se relacionou com ele com espírito leal. Mesmo quando teve oportunidade, recusou-se causar-lhe dano. Disse: "O Senhor me guarde de fazer tal coisa ao meu senhor, ao ungido do Senhor, estendendo eu a mão contra ele, pois é o ungido do Senhor" (1 Samuel 24:6). Enquanto Saul estivesse acima dele, Davi via que era tarefa de Deus corrigi-lo, ou discipliná-lo ou até retirá-lo. Sua tarefa era honrar Saul. Então, mesmo quando não se sentia leal ao rei, foi leal à sua função.

Resumo

Quando a fidelidade é construída sobre o fundamento correto ela tem o potencial não só de durar, mas também de produzir uma grande colheita espiritual. Resumindo, então, aqui estão algumas questões que deve fazer quando estiver tentando decidir a quem será leal.

- Esse Davi entrega sua vida pelas ovelhas?
- Eu gosto de para onde ele está indo, e como está fazendo para chegar lá?
- Ele é fiel a Deus?
- Deus é fiel a ele? Deus luta por ele?
- Quero compartilhar as promessas que foram dadas a este Davi?
- Ele é primeiramente alguém que busca a Deus e depois um servo dos homens?
- Ele é fiel a seus amigos?
- Este Davi é realista e honesto sobre suas próprias fraquezas? A insegurança o priva de uma autoavaliação realista?
- É sua ambição conhecer a Deus ou desenvolver um reino?
- Eu compartilho de compatibilidade de DNA com este Davi?
- Deus me trouxe a me submeter à liderança deste homem?

Para discussão em grupo:

1. Quem são os pais e mães em Cristo a quem você é fiel por causa da história que compartilham? Fale a seu grupo sobre um deles?
2. Você concorda com o autor de que um líder ministerial sênior tem o direito de desejar fidelidade daqueles membros da equipe que são pagos?
3. Como determinar se Deus é fiel a um determinado líder?
4. Se não é sábio expressar uma *aliança* de fidelidade a uma igreja local, como podem os membros expressar seu *compromisso*? Personalize esta questão para sua igreja.
5. O que mais o impacta na história de Ló e sua infidelidade ao homem que tinha as promessas?

Capítulo 16

Compromisso versus Fidelidade

Uma vez uma irmã me disse: "Fidelidade é compromisso, não é?" Minha resposta foi: "Não, lealdade e compromisso são bem distintos um do outro. Compromisso tem a ver com devoção, enquanto que lealdade tem a ver com amor".

É fácil estar comprometido com alguém sem lhe ser leal. O compromisso é uma função da vontade que brota da fonte de um espírito excelente. *Um servo pode estar comprometido com você e a todas as suas responsabilidades sem realmente lhe ser fiel.* Isso não é algo negativo; é só uma realidade honesta.

Se você é líder de uma equipe, é padrão que espere comprometimento de cada membro. Espera que eles sejam fiéis às suas responsabilidades, fisicamente presentes em certos lugares e momentos, sejam verdadeiros quanto à sua palavra, confiáveis, pontuais e que estejam em posição quando o dever chamar. Pode até ter uma lista de expectativas para cada membro antes de eles se juntarem ao grupo. Esperar esse nível de comprometimentos é totalmente razoável porque é primordial na formação de uma equipe.

Você não pode, no entanto, esperar que os membros de sua equipe sejam leais a você. *O compromisso pode ser requerido, a fidelidade não.* É a diferença entre devoção e amor.

Embora todos na sua equipe possam ser comprometidos e devotados à causa, nem todos amam de verdade. Então, se você lidera um grupo, há uma boa chance de que nem todos lhe sejam leais. Isso não é algo ruim ou errado, nem devemos ser críticos àqueles que não a possuem; somente é algo de que devemos ter ciência. Para que os membros da equipe sejam fiéis a seu líder, Deus precisa fazer algo soberano em seus corações. *Se Deus não lhe conferir fidelidade, eles não a terão*. A lealdade é produto da graça divina transmitindo amor ao espírito humano.

A distinção entre compromisso e fidelidade é importante, mas nem sempre é totalmente compreendida. Alguns líderes de equipe são pegos de surpresa, por exemplo, quando a infidelidade surge entre alguns dos seus membros mais comprometidos. O líder sábio sabe que o fato de alguém estar comprometido com uma equipe não garante que essa pessoa seja leal ao líder.

Falo assim para líderes: *Exija compromisso e promova lealdade*. Você pode pedir que as pessoas se devotem, mas não pode lhes pedir que sejam fiéis. Para que a lealdade seja pura, deve ser voluntária por definição. Quando vê a lealdade sendo voluntariamente evidenciada por alguém em sua equipe, marque esta pessoa. Você estará seguro em lhe dar mais autoridade e responsabilidade no grupo (desde que outras qualidades como dedicação e humildade também estejam presentes).

Não estou dizendo que não devemos recompensar aqueles que estão fielmente comprometidos com a equipe, porque é bíblico fazer isso.[1] Mas estará mais seguro se der cargos de mais confiança aos que são fiéis.

O compromisso pode durar um tempo, mas a lealdade normalmente é para a vida toda.

Se você perceber que alguém em sua equipe ainda não é fiel a você, não se permita ser crítico ou distante para com essa pessoa a fim de que não prejudique um relacionamento que tem potencial para progredir.

Agora uma palavra para os membros de equipe: sejam cautelosos com um líder que exija fidelidade. Líderes sábios vão observar e honrar a lealdade, mas não podem pedi-la ou exigi-la. *Qualquer pessoa que exija fidelidade não a entende de verdade e está usando a exigência como uma cortina de fumaça para mascarar suas inseguranças.* O líder compassivo dá tempo para os membros mais fracos da equipe se desenvolverem em lealdade. Alguns podem estar trabalhando bagagens emocionais de lealdades que foram violadas há dez ou vinte anos.

Se não se sente fiel àquele que está acima de você no Senhor, isso não quer dizer que há algo de errado com você. Pode significar que a lealdade precisará de tempo para se desenvolver. *O Senhor não irá exigir que se sinta fiel a todos os líderes em sua vida, mas certamente pedirá que demonstre comprometimento com eles.*

Caminhe em compromisso e amor, e veja se o Senhor lhe concede a fidelidade com o tempo.

---

1 Lucas 16:10

Deixe-me destacar mais uma dinâmica que diferencia o compromisso da fidelidade. Suponha que tenha havido uma ruptura de relacionamento e agora você esteja tentando reparar o dano. Se a brecha aconteceu com alguém que estava comprometido com você é possível restaurar essa pessoa a seus níveis anteriores de comprometimento se pedir perdão e chegar a ela com delicadeza e amor. No entanto, se ela aconteceu com alguém que lhe era fiel, mas ele sente que sua fidelidade tenha sido violada ou menosprezada, é muito mais difícil restaurar essa pessoa à lealdade. Para que ela seja restaurada é necessária a intervenção divina. O comprometimento pode ser restaurado com esforço — mas a lealdade? Na verdade, raramente. Esta é uma razão por que a Bíblia permite o divórcio em casos de imoralidade sexual.[2] Uma vez que a fidelidade da aliança matrimonial tenha sido violada, o próprio Deus reconhece a dificuldade em repará-la.

Quando a Fidelidade for Perdida, É Irrecuperável?

Já dissemos que é raro que a fidelidade que já foi perdida seja restaurada. Isso é confirmado por Provérbios 18:19: "O irmão ofendido é mais difícil de conquistar do que uma cidade forte". Mas mesmo assim não está fora de recuperação.

Nós coletamos mais percepções sobre este princípio observando o exemplo dos discípulos de Jesus, Judas Iscariotes e Pedro. Tanto um quanto outro sofreu um colapso em sua fidelidade ao Mestre. Mas a natureza de suas crises foi diferente, e os levou a lugares completamente diferentes. A fidelidade de um foi restaurada e a do outro não.

Pedro negou ao Senhor três vezes, até com juramentos, o que era com certeza um ato de infidelidade. Judas traiu Jesus para os soldados que O prenderam, e isso também foi infiel. Mas Pedro não teve o destino de Judas. O último sofreu condenação eterna por sua deslealdade e o primeiro só um processo de transformação que fez dele um homem melhor. O que distinguiu suas respectivas infidelidades?

A resposta é: *a infidelidade de Pedro estava fundamentada na perda de fé; a de Judas na perda do amor.*

Permita-me lembrar-lhe de nossa definição prática de fidelidade que afirma que ela envolve fé e amor:

A fidelidade é uma aliança nobre e inabalável, fundamentada na fé e no amor, que une corações em um propósito comum.

---
2 Mateus 19:9

Pedro teve uma crise de fé. Quando Jesus foi preso, sua confiança de que o Senhor iria se levantar vitorioso de repente, foi por terra. Por causa da intercessão de Jesus sua fé não fracassou completamente.[3] Mas chegou perto disso. Quase a perdeu. Perdeu o suficiente para que negasse que conhecia ao Senhor. Porém, mesmo que tenha tropeçado, nunca perdeu o amor. Ele se arrastou para o julgamento de Jesus por causa do amor. Mais tarde quando o Mestre lhe perguntou: "Tu me amas?" Pedro afirmou seu amor de forma apaixonada.[4] "Jesus, sabes que eu Te amo", clamou. "Sempre te amei. Nunca perdi meu amor por Ti." Sua crise foi de perda de fé e não de amor.

Não foi assim com Judas. Em seu caso houve perda de amor. Aconteceu ao longo do tempo, sem dúvida, e foi finalmente determinada no dia em que Jesus o repreendeu. Judas achou que a extravagância de Maria em derramar o caro óleo sobre o Senhor era um desperdício. Porém o Senhor o repreendeu brigando em favor dela. "Deixe-a em paz", disse ao discípulo.[5]

Judas olhou para Jesus e percebeu que não amava mais este Homem. Na verdade, O desprezava. Vou neste momento em que ele se virou dirigindo-se as sumo sacerdote e concordou em achar uma forma de trair Jesus. Quando ele se tornou desleal por causa da perda do amor, nada poderia fazê-lo voltar. Mesmo seu remorso após a traição não conseguiu fazê-lo retornar a um arrependimento sincero. Quando perdeu o amor a lealdade se foi para sempre.

Nos casos destes dois homens, sua ruptura tinha a ver com sua lealdade ao Senhor. Mas os mesmos princípios são verdadeiros na lealdade aos Davis de Deus. Quando os crentes perdem sua lealdade a um dos líderes enviados pelo Senhor por causa de uma *crise de fé* — porque lutam para crer que Deus ainda esteja lutando por este Davi — esta perda de lealdade tem o potencial de ser revertida. Mas quando perdem sua fidelidade por causa da *perda do amor*, como reverter o caso?

A mesma dinâmica pode ser vista na vida de Jó. Quando ele passou pela sua provação seus amigos foram desleais para com ele, mas foi porque perderam a fé em seu posicionamento para com Deus, não porque deixaram de amá-lo. Na realidade o amaram durante toda a confrontação. Só não acreditavam que o favor divino estivesse sobre ele. Pelo fato de ser uma crise de fé e não de amor, conseguiram se reconciliar com Jó no fim do livro.[6]

O mesmo ocorreu com os onze discípulos. Todos fugiram de Jesus em temor porque sua fé tinha desmoronado. No entanto, como o amor ao Se-

---

3   Lucas 22:32
4   João 21:15-19
5   Marcos 14:6
6   Jó 42:7-10

nhor continuou vivo em seus corações, mais tarde foram unidos a Ele em aliança afetiva novamente.

Se você sofreu uma perda de fidelidade para com seu líder por causa de uma *crise de fé* — isto é, porque duvida se Deus está realmente com ele ou ela, então pare um pouco. Não julgue prematuramente. Observe e espere. O tempo pode provar que você está errado e Deus poderá confirmar Seu Davi a seus olhos. Se isso acontecer, o Senhor pode mudar seu coração e renovar a fidelidade que havia se retirado.

Mas se sua lealdade se perdeu devido a uma *crise de amor* — isto é, porque perdeu o respeito e veio a desprezar o líder a quem anteriormente honrava, o que pode ser feito por esse tipo de ruptura? Esse tipo de amor pode ser reparado e a antiga fidelidade reparada? No caso de Judas a resposta foi "não".

Fidelidade Demais Desencadeia Infidelidade

Enquanto consideramos Judas e os fatores que levaram à crucificação de Cristo, gostaria de mostrar — especialmente para os líderes de louvor que estão lendo este livro — como foi que o louvor extravagante (que são expressões de fidelidade em amor) contribuiu para a condenação do Mestre (perdoem-me por caçar essa toca de coelho).

Primeiramente foi um louvor exagerado que desencadeou a inveja dos chefes dos sacerdotes. Quando viram as multidões adorando Jesus com alegria desenfreada na Sua entrada triunfal em Jerusalém, foi como a gota d'água. "Disseram, pois, os fariseus entre si: Vedes que nada aproveitais? Eis que toda a gente vai após ele" (João 12:19). Toda a efusão de louvor — com ramos de palmas e clamores de "Hosana!" — fez com que a inveja fervilhasse por causa da popularidade de Jesus. Os louvores exagerados das massas selaram a decisão dos fariseus de crucificar a Cristo.

Ao mesmo tempo a adoração exagerada estava em ação a fim de precipitar a morte do Senhor. Refiro-me aqui à ceia em Betânia quando Maria quebrou aquele vidro de perfume caro e o derramou por inteiro sobre o Senhor. O fato de Jesus confirmar este desperdício foi mais do que Judas conseguia suportar. Essa efusão de adoração era só um símbolo do amor, uma demonstração emocionada de lealdade. Quando Judas Iscariotes viu a extravagância da fidelidade de Maria a Cristo ele foi empurrado para o precipício. Ou seja, observou a lealdade dela e foi forçado a perceber a deslealdade em seu próprio coração. O cuidado dela revelou toda a hesitação do espírito dele. Havia duas formas de reagir. Ou olhando para seu próprio coração em franca honestidade e tratar o assunto com Deus, ou poderia justificar suas respostas. Ele escolheu a última, endurecendo o coração e se retirando para selar a traição.

Foi a generosa lealdade de Maria que trouxe à tona a infidelidade de Judas, que por sua vez precipitou a crucificação de Jesus. Haverá vezes em que a aliança afetiva de uma pessoa irá forçar todos os demais da equipe a mostrar seu jogo.

Ao amar o Mestre de forma extravagante, Maria estava colocando coisas em ação que eram muito maiores do que ela percebia. Sua fidelidade ia de fato fazer com que Jesus fosse morto. De forma semelhante, é o louvor e adoração exagerados que irão catalisar a consumação de todas as coisas nestes últimos dias. Os fariseus irão se mobilizar por causa de sua ofensa pela extravagância, demonstrações públicas de louvor e tentarão impedir o rio do avivamento; e os Judas, ofendidos pela expressão generosa de amor e pelos adoradores leais do fim dos tempos, irão se levantar em infidelidade aos Davis de Deus.

Porém enquanto a ofensa se prolifera, a fidelidade em amor será restaurada, simultaneamente, na terra. A volta de Cristo será proclamada pelo maior ressurgimento de fidelidade afetiva que o mundo jamais viu.

Para discussão em grupo:

1. Você concorda com a distinção que o autor faz entre fidelidade e compromisso? Que comprometimentos são requeridos dos membros da sua equipe? Já lhe aconteceu de seu compromisso naturalmente evoluir para a lealdade?
2. Já conheceu alguém que era comprometido e infiel ao mesmo tempo?
3. "Exija compromisso e promova a lealdade" — você considera essa uma boa regra?
4. Fale sobre as semelhanças e diferenças que vê entre a infidelidade de Pedro e a de Judas.
5. "Ao amar o Mestre de forma extravagante, Maria estava colocando coisas em ação que eram muito maiores do que ela percebia. Sua fidelidade ia de fato fazer com que Jesus fosse morto." Converse sobre isso. Você já pensou que a extravagância de seu louvor e adoração pode ter o potencial para revelar a infidelidade de outra pessoa? O que está acontecendo no coração das pessoas quando elas se irritam com o louvor e adoração de alguém?

CAPÍTULO 17

As Recompensas da Fidelidade

A fidelidade nem sempre causou impressão positiva no corpo de Cristo. Mas eu desejo fazer a minha parte para reverter a maré. É hora de exaltá-la. A geração atual precisa saber seu valor para que possam buscá-la de coração puro. Vou ser claro com relação a isso — meu objetivo é atraí-lo para ela.

Já dei amostras de louvor à fidelidade em todo esse livro, mas agora quero me concentrar em algumas de suas recompensas. Minha oração é que quando você se afastar deste manual esteja com uma cobiça santa — um desejo de ter um espírito leal a Deus e a Davi.

Quem É Leal a Davi Desfruta das Bênçãos do Enriquecimento de Davi

A nação de Israel nunca foi tão rica e próspera como nos dias de Davi e Salomão, quando a fidelidade estava em seu zênite. Deus abençoou Davi porque estava em aliança com ele[1] e toda a nação foi consequentemente abençoada porque ficaram ao seu lado. Quando o Senhor enriquece a Davi, ele compartilha a bênção com todos. Não se serve dela para si próprio, mas para o enriquecimento da nação.

Aqui está como Deus ajudou ao rei: exércitos invasores foram expulsos; a hemorragia causada por saqueadores foi estancada e muitos despojos de guerra entraram no reino por causa das muitas conquistas. Sob seu governo toda a nação experimentou uma grande aceleração do enriquecimento.

---

1   2 Crônicas 7:10

Os santos que são mais abençoados atualmente são os que permanecem em lealdade a seu Davi. Você nunca se arrependerá de dar sua fidelidade em fé e amor aos líderes que Deus levanta. *Quando Davi for enriquecido, você também o será.*

Em termos práticos dentro da igreja local esse enriquecimento se traduz tipicamente em benefícios como aumento de oportunidades ministeriais, mais pessoas para servir, uma esfera de influência geograficamente maior, melhores instalações, melhor momento espiritual e um grande suprimento de recursos (pessoas, literatura, treinamento, financeiro). Todos esses benefícios se combinam para prover uma oportunidade melhor para frutificação duradoura no Reino.

É Uma Delícia Liderar Pessoas Fiéis

Quando as pessoas lhe são fiéis em amor, você encontrará um grande prazer em liderá-las nas suas obrigações do Reino. É possível que você se veja constantemente esbarrando em pequenas dificuldades com os que não são fiéis à medida que caminham juntos, vindo a precisar de soluções para conflito. Quando há falta de lealdade a solução de problemas relacionais e a resolução de conflito demanda muito mais trabalho (tempo e energia). Algumas vezes a grande quantidade de palavras necessárias para resolver tensões com as pessoas que não são leais é cansativa e tediosa. *Quando a fidelidade está presente a solução de conflitos é muito mais fácil para os líderes.* Mal entendidos são esclarecidos com incrível facilidade quando os relacionamentos são lubrificados com uma lealdade afetiva. É por isso que somos aconselhados: "Obedecei a vossos pastores e sujeitai-vos a eles, porque velam por vossa alma, como aqueles que hão de dar conta dela; para que o façam com alegria, e não gemendo, porque isso não vos seria útil" (Hebreus 13:17). É vantagem para todos quando Davi lidera as pessoas com alegria.

Quando uma equipe é fiel a seu líder ela está muito mais desejosa de se unir a ele em suas iniciativas. Eles confiam nos motivos do líder e na sua habilidade de ouvir Deus, então quando ele diz: "Creio que tenho uma ideia que veio do Senhor", sua equipe responde com um espírito disposto. Os membros do grupo certamente terão opinião e perspectiva, sintonizando-se à ideia com sabedoria e por vezes até falando com o líder sobre ela. Porém, sua primeira resposta é serem otimistas em vezes de desacelerarem, porque desejam prosseguir juntos nas explorações do Reino. Este é o tipo de equipe que todo líder quer estar à frente! O contrário, onde a lealdade se deteriorou ou foi prejudicada, o líder poderá ouvir uma voz audível vinda do céu e seus seguidores serão resistentes. O fardo de liderar neste tipo de contexto é inútil para qualquer um.

O espírito de algumas pessoas é gerenciado somente por informação. Quando o Senhor não lhes dá lealdade de coração, eles se inclinarão a questionar seus motivos com mais frequência do que os que são leais. A única forma de serem aplacados é quando têm certeza, através de muita conversa, que seus motivos são nobres. Quando reúnem toda a informação podem relaxar e unir-se a você no projeto. Mas o processo vai precisar se repetir novamente a cada novo empreendimento. Liderar esse tipo de gente requer energia extra, é exaustivo e apaga a alegria do líder.

Pessoas leais, ao contrário, têm um espírito ardente e estão prontos no momento do anúncio para correr para a batalha com você. Que alegria!

Se algum membro de sua equipe está incerto sobre o quão seguro você é como líder, normalmente vai analisar cada movimento que fizer. Vai analisar suas decisões, seus motivos, seus processos de pensamento, sua lógica. Vai avaliá-lo, não porque quer conhecê-lo, mas porque quer saber como manobrar à sua volta. É assim que Satanás se relaciona com Deus. Está constantemente O analisando, não porque queira conhecer ao Senhor, mas porque está sempre tentando descobrir o que Deus quer. Satanás sempre quer entrar na cabeça de Deus, tentando ler Seu plano de ação, querendo antecipar Seu próximo movimento e deduzir onde Ele está indo.

Em contrapartida, aqueles que são fiéis a Deus em amor querem entrar em relacionamento com Ele. Querem ter as mesmas informações, mas uma razão completamente diferente. Querem saber o que Ele está pensando, pois toda a revelação da mente de Cristo lhes faz se inclinar em renovada afeição e reverência. Desejam conhecer Seus planos e propósitos, pois isto os capacita a correr a Seu lado enquanto Ele avança em Sua colheita.

De forma semelhante, os que são fiéis a Davi precisam de comunicação e informação, mas é tudo com o propósito de habilitá-los a servir juntamente com o líder com o máximo de impacto.

Ah, a fidelidade faz dos relacionamentos uma prazerosa aventura de descoberta mútua.

A Fidelidade Multiplica a Eficiência do Ministério

Quando uma equipe une as mãos em fidelidade e unidade, ela estará habilitada a realizar maiores explorações juntos do que se todos os membros estivessem espalhados e cumprindo suas próprias obrigações. O impacto do total é maior do que a soma de todas as partes. A lealdade une corações para um propósito comum no Reino, multiplicando a eficácia do Evangelho.

Deus deu a Davi a medida de dez mil e então Davi se cercou de líderes que tinha a medida dos milhares.[2] Quando os líderes de milhares vieram para debaixo da liderança do rei, encontraram seu maior sucesso e amplitude de impacto ministerial. E, ao mesmo tempo, Davi entrou na plenitude de seu destino. A dinastia davídica desfrutou muita glória e eminência porque esses capitães todos se reuniram em lealdade para servir ao rei.

O mesmo é válido atualmente. Enquanto os líderes de milhares estiverem espalhados em buscas pessoais, a plenitude do Reino não vai se realizar. Mas quando capitães e príncipes em Israel se unirem em lealdade sob os Davis de Deus, algo explosivo vai acontecer na igreja de Jesus Cristo. O Reino de Deus será manifesto em nosso meio em glória davídica. Quando este princípio for entendido na atualidade veremos ministérios massivos sendo levantados na Terra que são calculados não aos milhares de pessoas, mas por dezenas de milhares e, sim, até por centenas de milhares. É um fenômeno sem paralelo na história da igreja. E em cada caso a lealdade ao Davi daquela casa está claramente firmada.

É melhor, do meu ponto de vista, arriscar com a lealdade e dar nosso coração aos Davis de Deus do que nos manter à distância por medo de podermos ser decepcionados ou feridos.

Eu viajo por algumas igrejas nos Estados Unidos e no exterior e percebi um padrão que permanece verdadeiro: *as igrejas com mais impacto em sua região são aquelas que são fortemente leais aos seus Davis, o líder sênior.* Não tem erro — há uma ligação clara entre a lealdade e a eficiência de um ministério misto.

A Fidelidade Suporta Melhor As Tempestades

As tempestades são inevitáveis no corpo de Cristo. Temporadas de lutas, acusações, repreensões, boatos, conflitos endurecimento e etc., nos atingirão. É só quando as tempestades vêm que a força de nossa infraestrutura

---

2 2 Samuel 18:1

é testada e manifesta. A equipe vai desmoronar? O ministério vai sucumbir totalmente?

A fidelidade é como o silicone líquido. É a cola que manterá a equipe unida nos tempos difíceis. É a lealdade a Davi (o líder da equipe) que irá capacitá-la a sobreviver nas turbulências e permanecer intacta. *Quando a liderança mais próxima ao líder é fiel, eles conseguem amar o líder através dos mal entendidos, através dos questionamentos, dos tempos de incerteza e perseverar através das calmas águas do consenso e da visão compartilhada. Quando uma equipe é fiel ao seu líder desta maneira, os tempos de dificuldade têm o menor efeito adverso sobre a congregação.* A fidelidade irá salvar a igreja do indesejável trauma e irá protegê-la de se tornar desnecessariamente dispersa pelo campo quando as tempestades se levantam contra ela. Benditas são as pessoas cujos líderes são fiéis ao seu Davi. Quando a tempestade se abate, o grupo de líderes irá permanecer unido em lealdade afetiva e qualquer prejuízo à congregação será minimizado.

A fidelidade preserva os mais fracos em nosso meio. Quando as tempestades se movem, os crentes firmes normalmente sobrevivem. Os que são feridos espiritualmente são tipicamente os mais fracos, os bebês em Cristo. Quando há uma ruptura na liderança, são eles os que se ofendem com mais facilidade, ou mudam de lado, ou são atraídos sob a influência de líderes com motivações egoístas. A fidelidade ajuda a reparar a brecha, o que, por sua vez, preserva os fracos de ter que lidar com questões pesadas demais para eles.

Por outro lado, quando a infidelidade encontra lugar, podem haver ondas gigantescas contra Davi que são alimentadas por líderes descontentes que alardeiam suas convicções pessoais sob o pretexto de estarem "falando a verdade". Esse tipo de estufa relacional tem o potencial de se levantar e prejudicar muitos no rebanho. Infelizmente isso acontece com muita frequência no corpo de Cristo.

No entanto, eu percebo que alguns líderes não têm o coração de Davi, mas são culpados de cair em erro ou usar métodos de liderança repressivos, trazendo assim, reprovação contra si mesmos. Mas aqui estamos falando dos verdadeiros Davis de Deus. *Quando a tempestade atinge uma equipe onde um Davi está encabeçando, a fidelidade irá cimentar os fundamentos deste grupo e irão sobreviver à tempestade com o menor prejuízo colateral.*

A Fidelidade Tem Sua Própria Glória

Quando Paulo apelou aos coríntios por sua lealdade, escreveu: "somos vossa glória, como também vós sereis a nossa no dia do Senhor Jesus" (2 Coríntios 1:14). No dia de Cristo, o apóstolo iria se gloriar de que os coríntios estivessem entre os frutos de seu trabalho; e eles, por sua vez, se gloriariam de que Paulo fosse seu amado apóstolo líder.

O espírito fiel terá uma glória no dia de Jesus Cristo: "Fui fiel a este servo de Cristo, e veja, ele ou ela agora é um honrado de Deus como um servo verdadeiro do Senhor. Fui leal em meio à perseguição e à resistência, em meio à controvérsia, da acusação e dos mal entendidos, em meio a julgamentos e perplexidade. Fui fiel a um dos Davis de Deus".

E o servo do Senhor irá se gloriar: "Fui leal a estes santos, derramei minha vida por eles, e agora aqui estão eles, apresentados perfeitos diante do trono de Deus sem faltas e em grande glória".

Nem todos em Corinto permaneceram fiéis a Paulo. Mas imagine a alegria destes santos que irão se levantar no último dia e dizer a Jesus: "Fui fiel a Paulo em amor, mesmo quando não era admirável ser assim em Corinto. Este grande apóstolo que agora está à Tua mão direita, eximido de todas as acusações, cujos escritos mudaram o curso da história — não afastei a minha lealdade deste grande Davi. Somente pela graça, a fidelidade de Cristo sustentou meu coração, e agora me glorio nesta graça de Deus".

Deus Recompensa A Fidelidade Com Uma Posteridade

Jeremias nos conta a fascinante história de como o Senhor lhe disse para chamar a família dos recabitas para a casa do Senhor e lhes oferecer vinho para beber.[3] Eles se recusaram, respondendo ao profeta: "Não beberemos vinho, porque Jonadabe, filho de Recabe, nosso pai, nos ordenou: Nunca jamais bebereis vinho, nem vós nem vossos filhos" (Jeremias 35:36).

O Senhor usou este exemplo como uma parábola viva para dizer ao povo de Israel em muitas palavras: "Os filhos de Jonadabe têm sido leais a seu pai por várias gerações, recusando-se a beber vinho porque seu pai lhes ordenou. Mas vocês, povo de Israel, não são fiéis a mim para obedecer meus mandamentos. Os filhos de Jonadabe têm sido mais leais a seu pai natural do que vocês têm sido a seu Pai celeste".

---
3   Veja Jeremias 35

Como consequência, Deus pronunciou um julgamento contra a nação[4]. A fidelidade dos recabitas se tornou uma testemunha fiel contra o povo de Israel, incorrendo em julgamento sobre eles[5].

E o que aconteceu com o clã dos recabitas? A promessa divina a eles foi poderosa:

E à casa dos recabitas disse Jeremias: Assim diz o Senhor dos Exércitos, o Deus de Israel: Visto que obedecestes ao mandamento de Jonadabe, vosso pai, guardando todos os seus mandamentos e fazendo conforme tudo quanto vos ordenou, assim diz o Senhor dos Exércitos, Deus de Israel: Nunca faltará homem a Jonadabe, filho de Recabe, que assista perante minha face todos os dias" (Jeremias 35:18-19).

Neste momento em que você lê estas palavras há judeus vivos na terra que são descendentes diretos de Jonadabe. Até o dia da volta de Jesus, Jonadabe terá uma descendência entre os judeus na Terra. Uau! Que garantia! Esta família foi recompensada com uma posteridade na presença de Deus — tudo por causa de sua lealdade.

Essa promessa irrefutável serve somente para fortalecer nossa confiança nesta verdade: Deus ama a fidelidade e a recompensa com Seu favor.

A Recompensa de Mordecai

Um leitor pode reclamar: "Tenho sido leal há anos, mas não vejo a lealdade produzindo nenhum favor em minha vida até este ponto. Às vezes nem tenho certeza de que meu líder saiba que eu existo". Bem, deixe-me encorajá-lo com o exemplo de Mordecai.

Esse foi um homem justo da Bíblia que ouviu que dois eunucos do rei estavam conspirando, motivados por ira, a matar o rei. Mordecai imediatamente enviou um aviso ao rei. O monarca verificou a história e quando ela foi confirmada, ele matou os dois eunucos que haviam tramado esse plano traiçoeiro. Mas então o rei não reconheceu a lealdade de Mordecai ou o agradeceu por sua bondade.

Mordecai poderia ter ficado cínico e dito: "Qual a vantagem em ser leal ao rei? Não me levou a nada. O rei não aprecia aqueles que o apoiam!" No entanto, ele escolheu guardar seu coração e simplesmente continuar servindo ao rei.

---

4 Jeremias 35:17
5 Compare com 2 Coríntios 2:16

O que não sabia, porém, é que sua bondade fora registrada nos arquivos reais. Foi uma gentileza que foi registrada na Terra e entrou no seu "patrimônio ativo" do céu. Veio o momento em que Deus decidiu sacar do ativo de Mordecai. O Senhor deu ao rei uma noite sem sono e quis que alguém lesse para ele. O que lhe foi lido foi o registro de como Mordecai havia lhe sido real ao expor o plano de assassinato.

Quando o monarca foi relembrado desta fidelidade, percebeu que nunca havia demonstrado gratidão. Tomou passos específicos naquele dia para honrar Mordecai. Uma túnica real foi colocada sobre seus ombros e ele se assentou sobre o cavalo do rei; então um príncipe poderoso chamado Hamã o guiou pelas ruas da capital e gritava elogios diante dele.

O que esta história mostra é que mesmo que a fidelidade não tenha sido recompensada no momento exato, ela foi, no entanto, anotada no céu. E um dia Deus irá acessar seus investimentos no "patrimônio ativo" e recompensá-lo plenamente.

Quando esta história foi escrita, Mordecai acabou por se sentar à direita do rei administrando os assuntos de todo o reino. Pegue uma pista da lealdade de Mordecai. Quem sabe que tipo de promoção Deus tem em estoque para você enquanto é fiel àqueles que Ele colocou acima de você?

Outra História de Fidelidade

Quero terminar este capítulo com uma história sobre um de meus amigos pessoais, Bill, que serve como pastor de louvor em uma igreja proeminente na Virgínia. Ele me contou como fazia parte dos empregados da igreja, mas depois de uma série de circunstâncias esquisitas e algumas decepções ele saiu daquela congregação para outro cargo em outro estado. Alguns anos mais tarde, o pastor de sua antiga igreja ligou para ele e perguntou se queria voltar para á Virgínia e ser entrevistado para outro cargo. Quando Bill voltou para uma visita e falou com o pastor sobre a possibilidade de retornar à igreja de onde saíra, o pastor lhe perguntou: "Sabe por que você está aqui? Porque depois que saiu daqui eu nunca ouvi um pio". O pastor esperava incorrer em alguma consequência negativa pela forma com que tratara o Bill e o incentivara a ir embora. Mas meu amigo não espalhou nenhum rancor para ninguém na igreja, saiu discretamente. O pastor disse: "Eu sabia que era um momento difícil para você e ainda assim você não espalhou nenhuma calúnia na congregação. Você foi leal a mim!" Foi por causa daquela lealdade que o pastor o chamou de volta. Bill foi contratado pela segunda vez e agora desfruta de um ministério frutífero no *staff* desta igreja vibrante que tem impacto regional. Essa história verdadeira é inspiradora porque Bill preservou sua lealdade ao pastor e este foi sábio o suficiente para reconhecê-la e recompensá-la.

Para discussão em grupo:

1. Que ligação você vê entre a incrível abundância que a nação desfrutou sob o governo de Davi e o fato de que as pessoas eram excepcionalmente fiéis a ele?
2. Você já experimentou o contraste de liderar alguns que lhe eram leais e outros que não? Você descobriu como era difícil resolver os conflitos entre os que tinham falta de lealdade? Conte sua história ao grupo.
3. Você concorda com a opinião do autor de que as igrejas que têm o melhor impacto ministerial são aquelas em que os membros são mais fiéis a seu líder?
4. O que você percebe que acontece aos membros fracos do corpo quando a deslealdade traz separação entre os irmãos?
5. Leia Jeremias 35. O que a história dos recabitas lhe diz pessoalmente? E à sua equipe?

Capítulo 18

A Fidelidade a Davi será Testada

Tendo recompensas tão valiosas é impossível ganhar terreno neste território sem ter concorrência. Satanás irá nos atacar para minar nossa fidelidade e Deus irá nos testar para purificá-la e fortalecê-la.

Nunca sabemos ao certo se a fidelidade é genuína até que seja provada. Você pode achar que ela existe em sua equipe, mas até serem atingidos por uma tempestade. A adversidade normalmente nos surpreende no que revela. Alguns que acham que não eram fiéis se revelam como o sendo, enquanto que outros que achamos que eram leais irão nos abandonar. *A fidelidade brilha mais quando é mais desafiada.*

A adversidade prova não só nossa fidelidade para com Deus, mas também a que entregamos a Davi. Se as pessoas se afastaram de Jesus, que tratou com elas com perfeição deveríamos ficar chocados se se afastarem dos Davis de Deus que as tratam imperfeitamente? Se era fácil de se ofender com Jesus, quanto mais com os líderes de Deus? Sim, a fidelidade a Davi será testada. Permanecer-lhe fiel pode ser um dos maiores desafios da caminhada cristã, porque algumas vezes ele é tão humano que dá raiva.

A fidelidade a Davi pode ser falsa — mas por pouco tempo. No final, algo vai acontecer para testá-la. É inevitável. Se sua lealdade não for autêntica, é só questão de tempo para que a verdade surja.

A deslealdade não ficará escondida para sempre. Eventualmente ela vai mostrar que está lá. É por isso que Paulo, quando lista as qualidades dos diáconos, instruiu que eles sejam primeiramente "provados" por um tempo.[1] O que é está sendo provado? A maturidade do diácono. "Não neófito, para

---

[1] 1 Timóteo 3:10

que, ensoberbecendo-se, não caia na condenação do diabo" (1 Timóteo 3:6). Quando a soberba surge em um novato, ele fica tentado com o mesmo tipo de traição que condenou o diabo. Qualquer um pode fingir ser fiel temporariamente; mas uma temporada prolongada de provações acontece antes da indicação de um diácono para que eles possam ser provados. Uma vez aprovado, está qualificado para o privilégio de servir os santos, obtendo assim "uma boa posição e muita confiança na fé que há em Cristo Jesus" (1 Timóteo 3:13).

Paulo falou sobre como Timóteo tinha provado sua fidelidade: "Mas bem sabeis qual a sua experiência e que serviu comigo no evangelho, como filho ao pai" (Filipenses 2:22). O rapaz provara, no decorrer do tempo, que era um filho verdadeiro. O apóstolo acrescenta: "Porque a ninguém tenho de tão igual sentimento que, sinceramente, cuide de vosso estado. Porque todos buscam o que é seu, e não o que é de Cristo Jesus" (Filipenses 2:20-21). Estava falando de líderes que eram mais leais a si mesmos do que a Cristo. Pelo fato de Timóteo ser fiel a Jesus (v.21) ele era capaz de ser fiel a Paulo (v.22). *Somente quando os filhos são esvaziados de suas inclinações de construir um reino próprio é que conseguirão sustentar a fidelidade a seu pai espiritual.* Qual foi a recompensa de Timóteo por ser leal? Paulo confiou-lhe uma grande responsabilidade espiritual.[2] Quando lhe disse que era "aprovado" queria dizer que o rapaz havia tido grandes oportunidades de desenvolver uma atitude negativa para com seu mentor e até abandoná-lo. Vivia em proximidade suficiente para ver todos os defeitos de Paulo. Nem sempre era tratado perfeitamente. Mas Timóteo amava. Ele amava Paulo e permaneceu verdadeiro. Assim, entra na história bíblica como um dos melhores exemplos de fidelidade verdadeira e santa.

A fidelidade deve se basear em algo além do desempenho e habilidades de liderança de Davi. Se não, não vai longe. Deve estar baseada na confiança de que Deus é fiel a este Davi, mesmo que ele seja imperfeito. *Um espírito leal reconhece que o Senhor está com Davi, inclusive com seus defeitos.* Quem consegue preservar a fidelidade a seu líder, mesmo depois de ter visto seus erros, irá compartilhar tão amplamente seus frutos que aqueles que se ofenderam nunca irão provar.

Em alguns casos a infidelidade tem uma reclamação válida. Por exemplo, tenho certeza de que Davi não tratou Absalão com absoluta perfeição. Em outros casos, porém, as reclamações não são fundamentadas. Penso em Judas que traiu Jesus, ainda que Jesus o havia tratado perfeitamente. A ques-

---

2 Filipenses 2:19

tão não é se a reclamação tem validade ou não, mas sim se você permitiu que seu coração se ofendesse com o Davi de Deus. Se você ficar neste lugar de ofensa, irá perder. *Uma das marcas da fidelidade é seu compromisso em processar os descontentamentos de forma adequada e emergir da situação ainda fazendo parte da equipe de Davi.* Aqueles que superam a reclamação e ainda provam sua fidelidade são "filhos verdadeiros".

Quando você serve debaixo de um Davi, irá encontrar crescentes ataques espirituais, pois este líder atrai a guerra. O inimigo está atrás dele, e uma das principais formas de chegar até ele é despertar a dissensão nas fileiras de seus filhos. Então, se você é um dos filhos de Davi, é melhor montar guarda ao redor do seu coração a fim de evitar que sucumba diante dos esquemas de Satanás. O inimigo quer que você se ofenda com Davi. Você estará sob ataque em alguns momentos e não estará ciente disso. Haverá vezes em que irá pensar que sua opinião é tão justificável, quando de fato está sendo provocado à infidelidade.

Deus tem tantas formas fascinantes de revelar a verdadeira natureza de nossa fidelidade. Lembro de uma vez levar dois irmãos comigo em uma viagem ministerial. Sinceramente achava que esses homens eram totalmente fiéis a mim. Tinha sido convidado para falar e meus anfitriões haviam concordado em providenciar tudo para que meus companheiros de oração viessem comigo, então pedi a eles que me acompanhassem. Mas depois de chegarmos ao lugar de ministração foi-me dada uma plataforma de ministério maior que a deles. Suas inseguranças vieram à tona e ficaram inquietos. Ficaram desconfortáveis com o que julgaram como sendo a glorificação do ministério de um vaso (meu) em vez da divisão igualitária de ministério de toda a equipe. Não perceberam, mas era Deus permitindo que sua fidelidade fosse testada. Parece que pensavam que eu estava sendo excessivamente exaltado, enquanto de minha perspectiva eu estava simplesmente cumprindo o ministério da palavra que meus anfitriões me pediram. Eles me conheceram em meu "território", mas quando viram o quanto fui honrado em outro campo de ministério, ficaram perturbados. Achei que eram leais a mim, mas fiquei surpreso com o que veio à tona quando o conjunto certo de circunstâncias se levantou. *Assim é com a fidelidade; sua genuinidade não é conhecida até que certas condições deem ocasião a que seja provada.*

Formas Como Nossa Lealdade a Davi é Provada

Vejo pelo menos cinco formas comuns nas quais nossa lealdade a um dos Davis de Deus pode ser provada.

1. A Fidelidade a Davi é provada quando ele comete um erro

Algumas vezes Davi está redondamente enganado. Posso prometer-lhe: fique com Davi tempo suficiente e ele irá com o tempo desapontar suas expectativas. Essa afirmação é verdadeira sobre qualquer líder humano. Davi jamais irá decepcioná-lo propositalmente porque ele tem o coração de um pastor de verdade. Mas ele ainda é humano, e apesar de suas melhores intenções irá desapontá-lo.

Se Davi tivesse tratado tudo perfeitamente teria sido muito mais fácil ser fiel a ele. Foram seus erros e defeitos que convenceram seus antagonistas da justificação de sua causa.

Joabe, o capitão de seu exército, é um triste exemplo de um homem que não conseguiu superar sua ofensa com Davi. O rei cometera alguns erros com ele. Mesmo assim permaneceu fiel por muitos anos, até durante o levante de Absalão. Mas, perto do fim da vida de Davi, Joabe se desviou e se uniu à insurreição de Adonias. Ele percorreu quase todo o caminho com Davi, mas as dez para a meia noite, ele se perdeu. Tornou-se desleal exatamente quando a corrida estava perto do final. Por quê? Porque Davi o tinha repreendido algumas vezes e o tratado erradamente outras tantas, e Joabe não queria perdoar o rei pelos erros e exigiu o domínio por seus próprios fracassos. A amargura, enfim, apoderou-se de seu coração e ele se afastou do rei.

A questão não é somente quanto tempo você correu ou quão bem correu, mas se terminou a corrida. Joabe correu bem a maior parte do percurso, mas caiu perto da linha de chegada. A infidelidade o solapou.

A fidelidade precisa ver além da humanidade do líder. "O amor cobre multidão de pecados" (1 Pedro 4:8). A lealdade tem a habilidade de cobrir os pecados do líder e continuar a caminhar juntos. *O amor é o poder que leva a fidelidade até a linha de chegada.*

2. A Fidelidade a Davi é provada quando Deus o esmaga

Algumas vezes Deus esmaga Davi como parte de um processo formativo de torná-lo um grande líder. Quando ele está sendo crucificado, a lealdade de todos em sua equipe fica desafiada. Enquanto estiver suportando a cruz não poderá se dedicar a seus filhos como fazia antes. Não conseguirá alimentá-los ou liderá-los como anteriormente fazia. Algumas pessoas dão sua lealdade a um determinado líder por causa da sua habilidade de suportar a carga. *A fidelidade que se baseia na reputação ou desempenho é na verdade frágil.* É uma bomba relógio — especialmente se Deus planeja a crucificação para esse líder. É por isso que a lealdade a Davi deveria se basear nas promessas divinas a ele, em vez de sobre seus dons ministeriais.

Quando Davi é crucificado parece que Deus o abandonou. Se seus filhos não têm um "paradigma da cruz" eles o verão em dores e concluirão que o Senhor está contra ele. É isso que aconteceu aos amigos de Jó, por não terem um paradigma de cruz (uma compreensão de como o Senhor crucifica seus Davis para um propósito do Reino) eles se tornaram desleais ao homem de Deus.

No fim de sua vida Paulo proferiu essas palavras tristes: "Ninguém me assistiu na minha primeira defesa; antes, todos me desampararam. Que isto não lhes seja imputado" (2 Timóteo 4:16). Estas palavras são o remanescente do Getsêmani. O apóstolo havia bebido tanto dos sofrimentos de Cristo que, nos seus últimos anos parecia a seus associados que ele havia sido abandonado por Deus. Por discernirem de forma errônea o *status* da relação de Paulo com o Senhor, eles abandonaram sua lealdade a ele em favor de carreiras mais promissoras. Mas Paulo era o homem que tinha as promessas, que era ajudado por Deus e eles não foram sábios ao abandoná-lo no final da corrida.

Isso aconteceu com Davi, Paulo e com Jesus. Quando o Mestre foi crucificado a lealdade dos discípulos foi testada ao máximo. Eles tinham uma medida de fé em Jesus, mas não tinham o suficiente para crer nEle quando foi atingido por Deus e esmagado. Perderam sua fé nas promessas que achavam que tinham sido dadas a Jesus. Na hora da provação, abandonaram o Senhor no jardim e O deixaram sozinho. A propósito, é fascinante notar que as mulheres que seguiam o Mestre permaneceram ao Seu lado até o fim. Será que essa poderia ser uma razão porque Jesus apareceu primeiramente a uma mulher depois da ressurreição?

Como indicam as histórias bíblicas, são poucos os que permanecem fiéis a Davi durante o esmagamento.

3. A fidelidade a Davi é provada quando há diferença de julgamentos

Como já dissemos, ser fiel não significa que nunca discordará de Davi. Porém, significa que será cuidadoso com como e onde expressa essa discordância.

A *fidelidade defere o juízo*. O que é um juízo? De forma simplificada, um juízo é a chegada a uma decisão final.

Um juízo é mais forte que uma opinião. Ele diz: "Observei todas as evidências, ouvi os argumentos de todas as partes, dediquei-me a estudar as considerações e implicações e agora estou entregando meu juízo".

As opiniões são geralmente sustentadas de forma mais livre e podem oscilar ou mudar se argumentos mais convincentes forem apresentados. O juízo, no entanto, carrega em si a implicação de que todos os argumentos foram ouvidos, pesados com cuidado e agora uma decisão final foi tomada. Normalmente ele está além da negociação. Ouviu a sabedoria dos anciãos e observou a experiência de vida antes de formar um veredito sobre o assunto.

Quando Davi passa seu juízo sobre algumas questões, não será mais para discuti-la; é uma decisão tomada. Neste momento a fidelidade é muitas vezes testada. Mas a lealdade permanecerá fiel mesmo quando haja discordância de sua decisão. Pois lealdade é mais profunda do que decisões individuais. Busca "sejais unidos em um mesmo sentido e em um mesmo parecer" com Davi (1 Coríntios 1:10).

Por exemplo, quando Davi insistiu em realizar o censo sobre o exército de Israel, Joabe fez a coisa certa de eventualmente se submeter a Davi. Fez o melhor para convencer Davi a abandonar a ideia, mas sabia que a lealdade iria exigir que acatasse a decisão. Estava certo que expressasse sua opinião — até de forma mais veemente. Mas também era justo que cedesse em lealdade ao juízo de Davi quando ele estava resoluto. Mesmo que o rei estivesse errado, o capitão ajudou a decretar a lei porque cria que Deus era capaz de confrontar Seu líder.

Quando Barnabé não pôde se submeter ao juízo de Paulo quanto a João Marcos, era evidente que não tinha uma lealdade de filho ao apóstolo. Isso não é crítica a Barnabé, mas um reconhecimento verdadeiro da natureza de seu relacionamento.

Quando Apolo não foi a Corinto como Paulo ordenara, ficou evidente que ele não tinha uma lealdade de filho ao apóstolo. Isso não quer dizer que

Apolo fosse menos por causa daquilo; só não era um filho de Paulo. Pois ser-lhe leal como um filho incluiria ceder ao juízo de Paulo, mas Apolo tinha seu próprio juízo sobre a questão. Quando as diferenças de juízo aparecem, se torna óbvio onde se encontra a fidelidade.

4. A fidelidade a Davi é provada quando ele hesita em estabelecer ou promover um líder

Davi tinha um bom motivo para hesitar em colocar Salomão como rei, mas foi durante esse tempo de ausência de acontecimentos que a infidelidade foi abalada. Adonias usou a hesitação do pai para reunir forças e iniciar uma conspiração. *A infidelidade é rápida para entrar em ação na aparente ausência de atividade.*

Nem Absalão nem Adonias puderam esperar para que Davi lhes desse sua porção; acharam que tinham que tomar a questão em suas mãos. Salomão, por outro lado, esperou para que seu pai lhe desse sua herança. *A fidelidade espera.* A infidelidade exige ação imediata, mas a fidelidade espera pacientemente.

É fácil para os filhos entenderem mal os pais durante o período de espera. Para o filho, parece que o pai está o está segurando. Mas o pai tem uma vantagem que o filho não tem. O que salva o relacionamento é a fidelidade. Se o filho for leal, ele caminhará com o pai através do tempo em que estiver sendo detido e através da disciplina até que lhe seja entregue a herança. *O filho leal nunca tenta pegar o que é seu por direito, mas sempre espera recebê-lo do pai.*

Poucas coisas são tão controversas em uma equipe como quando o líder hesita em promover um filho ou filha que parece a todos ser um forte candidato à promoção. Aqueles que são desleais irão entender mal o líder e acusá-lo de ser controlador, inflexível, muito suspeitoso ou indisposto a compartilhar a autoridade. Em poucos casos, essas acusações serão verdadeiras — há poucos líderes por aí que têm problemas em liberar áreas de responsabilidade. Mas em muitos casos, ele está provavelmente hesitando por causa da sabedoria que vem do discernimento, sabendo que o filho ou filha ainda não está pronto para ser promovido. No entanto, a lealdade de todos é testada no processo.

5. A lealdade a Davi é provada quando ele despede um dos seus líderes.

Quando Davi despediu Joabe de seu cargo de comandante do exército e o substituiu por Amasa, foi um caos. Seba, filho de Bicri, tirou vantagem da temporada caótica e moveu sua própria rebelião contra Davi. E depois Joabe matou Amasa. Talvez tenha sido a época mais turbulenta em todo seu reinado.[3]

Uma das coisas mais perturbadoras que um pastor pode fazer é demitir um presbítero, ou alguém na equipe pastoral, ou alguém com uma posição de liderança influente na igreja. Igrejas grandes com muitos empregados encontram aí uma de suas áreas mais problemáticas. Aumentar o quadro de empregados raramente é problema, mas quando tem que retirar alguns dos membros da equipe de seus empregos ou ministérios, prepare-se para águas turbulentas.

Eis o porquê. Joabe tinha um círculo de amigos que eram mais leais a ele do que eram a Davi. Enquanto estava em seu lugar sob Davi, seus amigos não tiveram que escolher a quem ser leais. Ser fiel a Joabe era ser leal a Davi. Mas quando ele foi despedido, de repente todos tiveram que escolher entre um e outro. Se Joabe tiver qualquer traço de deslealdade operando em si ele será capaz de usar a demissão como uma oportunidade de reunir seus amigos fiéis ao seu redor. Vai decidir que Davi está errado e então irá se sentir justificado em ter um círculo de amigos que compartilhem sua ofensa.

Davi está totalmente ciente desta dinâmica, mas como já resolveu suas inseguranças no amor de Deus, ele libera toda a responsabilidade para os outros. Porém, percebe que está se colocando em situação vulnerável para com seu grupo de apoiadores. Coloca nas mãos de seus associados o poder de lhe prejudicar. É um risco inerente do amor. Davi os ama, então os libera para responsabilidade sem tomar medidas autoprotetoras. Se algum deles for desleal e decidir espalhar calúnias contra o rei, ele inevitavelmente sofrerá o dano. Nestes tempos o versículo a seguir é verdadeiro: "Tempo há em que um homem tem domínio sobre outro homem, para arruiná-lo" (Eclesiastes 8:9).

Se não estivermos nos tornando, de alguma forma, vulneráveis uns aos outros em amor, a lealdade não será uma joia tão radiante. São seus riscos que a tornam tão preciosa. É um tesouro raro, na verdade, uma equipe ministerial que funcione unida em lealdade imaculada durante muitos anos.

---

[3] 2 Samuel 19 - 20

Quando Joabe é demitido, há duas formas de ele partir: pode incitar todos os que lhe são leais e os atraí-los para longe; ou pode fechar a boca e partir silenciosamente, sem trazer prejuízos para lealdade de ninguém mais. Mesmo que não seja fiel ao líder, a última é a opção que escolhem os homens de excelente espírito e coração nobre.

Para Joabe (a pessoa que é demitida) e os que lhe são leais, deixe-me dizer o seguinte: mesmo que você tenha sido violado pelo líder da casa, lembre-se que da forma que você deixar a casa será a forma como entrará na próxima. *O que semear no processo de retirada será o que vai colher no próximo lugar que for.* Como você se retira é muito importante para Deus. Se partir da forma correta, pode semear sementes de lealdade para o futuro.

Para discussão em grupo:

1. Você já percebeu que a batalha espiritual é mais intensa ao redor dos Davis de Deus?
2. Como o Senhor lhe ajudou a permanecer fiel quando você percebeu as fraquezas do seu líder?
3. Como devemos caminhar em nossa equipe quando temos diferenças de juízo sobre como proceder?
4. Se Davi fosse lhe demitir do seu cargo atual, como responderia.

Parte Três

O ESPECTRO DA DESLEALDADE

Aqueles que caem em deslealdade raramente são conscientes da natureza do que estão fazendo. Lançando luz sobre esta área que está em trevas, ganhamos o entendimento e a graça para renunciar os tentáculos mortais da deslealdade, que busca escravizar os nossos corações.

CAPÍTULO 19

O Que É Infidelidade?

Agora que observamos cuidadosamente o que significa ser fiel a Davi, vamos falar da infidelidade a ele. A deslealdade é uma praga horrível que enfraquece famílias, igrejas e negócios. Talvez possamos nos orientar claramente sobre isso se queremos entender melhor o que ela é.

Há uma palavra na Bíblia que nos ajuda a definir a infidelidade. É tratada como "traição" ou "infidelidade" dependendo da tradução. Esta palavra ocorre em Juízes 9:23: "enviou Deus um mau espírito entre Abimeleque e os cidadãos de Siquém. Os cidadãos de Siquém se houveram aleivosamente contra Abimeleque". Na versão da Almeida Corrigida Clássica a palavra aparece como "aleivosamente"[1], a Nova Versão Internacional a coloca como "traiçoeiramente", "traidores", "traíram", "desleais".[2]

Esta palavra hebraica é usada para descrever como os irmãos naturais de Jeremias o traíram: "Porque até teus irmãos e a casa de teu pai, estes mesmos procedem deslealmente contra ti; eles mesmos gritam contra ti em voz alta: Não confies neles, quando te falarem coisas boas" (Jeremias 12:6).

O Senhor usou a mesma palavra para expressar como os israelitas lhe foram infiéis: "Mas eles violaram minha aliança, como Adão; eles se portaram aleivosamente contra mim" (Oseias 6:7).

O dicionário em português define assim o termo infidelidade: "1. qualidade de quem é infiel. 2. Falta de fidelidade. 3. Violação da confiança ou dos compromissos assumidos com alguém; deslealdade; traição. 4. Não cumprimento de compromissos de monogamia com cônjuge, companheiro(a)

---

1 Aleivoso significa desleal, fraudulento, traiçoeiro.
2 Para exemplos vejam os seguintes versículos da Nova Versão Internacional: Isaías 24:16; 33;1; Jeremias 12:6; Lamentações 1:2 e Salmo 78: 57.

ou namorado(a). 5. Falta de exatidão relativamente àquilo que se pretende tratar"³.

Ser infiel é se desviar de um relacionamento de confiança mútua e causar dano um ao outro. O dano pode ser na forma de crítica, calúnia, fofoca, repreensão, falso testemunho, menosprezo, furto, difamação, desonra, ataque pessoal ou algo semelhante. A *deslealdade não é só ausência de fidelidade* (há três categorias: fidelidade, um espírito excelente e infidelidade). *A infidelidade vai além da neutralidade e de alguma forma machuca a pessoa com quem anteriormente se estava ligado.*

A Infidelidade É A Ponta Do Iceberg

Quando a infidelidade vem à tona, não fique surpreso se outras coisas vis estiverem por baixo da superfície. É porque a deslealdade cresce na sementeira de corações iníquos, onde se escondem uma série de outras propensões maléficas. A emersão da infidelidade é uma indicação de que outras iniquidades ainda não foram totalmente crucificadas. Esta verdade é ilustrada na vida de Aitofel, um dos amigos de longa data e confidente de Davi que, absorvido pela insurreição de Absalão, acabou conspirando para matar o rei. Era a ele que Davi se referia primariamente quando escreveu:

"Pois não era um inimigo que me afrontava; então eu o teria suportado. Nem era o que me aborrecia que se engrandecia contra mim, porque me teria escondido dele. Mas eras tu, homem meu igual, meu guia e meu amigo íntimo. Partilhávamos momentos agradáveis e íamos com a multidão à casa de Deus. Que a morte os assalte, e vivos os engula a terra; porque há maldade nas suas habitações e no seu próprio interior" (Salmo 55:12-15).

Essa maldição realmente veio sobre Aitofel, pois ele cometeu suicídio. Davi parece estar sugerindo que onde há deslealdade, há outros tipos de maldades presentes ("há maldade nas suas habitações e no seu próprio interior"). Esse homem havia servido corretamente na corte do rei, mas quando se uniu a Absalão todos os tipos de maldades começaram a vir à tona em seu coração. Por exemplo, veja o conselho que ofereceu a Absalão: "Respondeu Aitofel a Absalão: Entra às concubinas de teu pai, que ele deixou para cuidarem da casa. Assim, todo o Israel ouvirá que te fizeste aborrecível para com o teu pai, e se fortalecerão as mãos de todos os que estão contigo" (2 Samuel 16:21). Ele realmente aconselhou ao filho que tivesse sexo com as concubinas do seu

---

3 Infidelidade In Infopédia. Porto: Porto Editora, 2003-2013. [Consult. 2013-11-10]. Disponível na internet: http://www.infopedia.pt/lingua-portuguesa/infidelidade;jsessionid=x3FzuUcOkmnzlA6YmYdCUg__

pai! Ainda mais, deu um jeito de que isso acontecesse em plena luz do dia: "Estenderam, pois, para Absalão, uma tenda no terraço, e entrou Absalão às concubinas de seu pai, perante os olhos de todo o Israel" (2 Samuel 16:22). O rapaz claramente não tinha um coração pendente a guardar a lei do Deus de seu pai, e Aitofel precipitou-se com ele em impiedade descarada. Quando ele violou sua lealdade a Davi, também violou sua lealdade ao Deus de Davi.

Quando estava aliado ao rei a tendência ao mal que havia em seu coração nunca tinha sido exposta. Mas quando se aliou a Absalão, todos os tipos de maldades começaram a fluir de seu interior. Então, a deslealdade não era a única questão com Aitofel, mas era só a ponta do iceberg.

Tem Algum Problema Com Seu Líder?

Se você tem uma reclamação com seu líder, guarde sua língua de espalhar isso para os outros. Em vez disso, vá diretamente e em particular ao líder de acordo com o que está em Mateus 18:15-17 e procure ganhar seu irmão ou irmã. Se não estiver disposto a dar este passo, então fique com suas opiniões para você mesmo em silêncio absoluto.

A infidelidade muitas vezes encontra formas de justificar sua não conformidade com Mateus 18:15-17. Vai aos outros com suas reclamações, convencido de que ir ao pai que o ofendeu é um esforço inútil. Porém, a passagem acima é um mecanismo seguro contra a deslealdade e que poderia aplacá-la em seus estágios iniciais, se fosse seguida adequadamente. Mas quando não é praticada, a infidelidade gera uma raiz de amargura, vindo a se tornar quase impossível de ser erradicada.

Se você tem um problema com Davi que não pode ser resolvido, não fique neste ministério e cause um problema. Vá a outro território e busque o que acha que Deus pode estar lhe dando. "Mas meu líder é um Saul!", alguém pode objetar. Não faz diferença. Seu dever é se relacionar com ele como se ele fosse um Davi. Honre-o como um Davi e não faça nada para infringir ou reduzir sua esfera de autoridade e influência.

Absalão tinha duas opções que poderiam tê-lo salvado. Poderia ter ficado em Israel e aceitado a medida que Davi lhe havia dado, desfrutando da dignidade de ser filho do rei; ou poderia ter voltado à terra de sua mãe, Gesur, onde seu avô Talmai era rei.[4] Se tivesse perseguido suas ambições em terra estrangeira teria ficado muito melhor. Mas, em vez disso, escolheu ficar

---

4   2 Samuel 3:3

no território de seu pai e tentou expulsá-lo. Era a pior decisão possível e o levou à queda.

Às vezes um filho não verdadeiro irá ver o Senhor usá-lo para trazer correção ou disciplina ao seu pai espiritual. Deveria observá-lo em temor, no entanto, pois ele poderá ser o próximo. Nunca esqueça que depois que Deus usou os caldeus para disciplinar os israelitas, Ele os julgou severamente por seu papel nesta história. Só porque Deus o usa para trazer disciplina a um pai espiritual não quer dizer que Ele esteja satisfeito com você.

Como Funciona a Infidelidade

A infidelidade tem certos sinais reveladores que são bastante comuns quando o espírito de Absalão está em operação. Aqui estão algumas formas de como ela funciona.

1. A infidelidade se desvia de uma lealdade estabelecida a Davi quando este não violou a fé.

É possível que um líder faça algo que viole sua confiança no relacionamento, e a retirada de fidelidade nestes casos pode ser compreensível. Porém quando tiramos nossa lealdade porque o relacionamento não está mais atendendo nossos objetivos e expectativas pessoais, estaremos permitindo que o egocentrismo nos empurre para a infidelidade. Você ama a Davi, vai abandoná-lo agora por motivos egoístas?

Somos advertidos sobre deslealdade sem uma base sólida: "Ai de ti, despojador que não foste despojado e que procedes perfidamente contra os que não agiram perfidamente contra ti! Acabando tu de despojar, serás despojado; e, acabando tu de tratar perfidamente, perfidamente te tratarão" (Isaías 33:1). *A infidelidade e a traição carregam suas próprias maldições. Não se pode violar a fidelidade sem que isso tenha algum retorno para você.*

2. A infidelidade espalha preocupações, avisos e opiniões negativas com relação ao pai espiritual.

Outra palavra para isso é calúnia. Disfarçada de preocupação com outros crentes, muitos se tornaram culpados de caluniar sem nem perceberem isso (sempre que difamamos não estamos cientes disso; se percebêssemos o que estamos fazendo pararíamos). A difamação posa como informação cuidadosa, ou uma perspectiva útil e isso normalmente calunia os motivos de Davi. A fidelidade espera o melhor em motivos; a calúnia presume o pior deles.

Ela é incrivelmente devastadora no corpo de Cristo. Seus efeitos podem minar a obra de Deus por muitos anos. É quase impossível desfazê-la. Como devolver o creme dental ao seu tubo? Uma vez que esteja fora, está fora. É como soprar um dente-de-leão e depois tentar reunir as sementes espalhadas ao vento. Nunca conseguiremos. A única cura para a difamação é capturá-la antes que seja liberada.

A infidelidade não é só discordância. É discordância que insiste em permanecer e minar a autoridade do líder. Ou calunia o líder enquanto se retira.

Recentemente ouvi de uma irmã que era muito leal a seu pastor e servia como uma de suas intercessoras pessoais, segurando os braços dele em oração vigilante. Ao longo dos anos foi construída uma proximidade e confiança. Mas, então alguém que saíra da igreja espalhou seu rancor a esta irmã e isso a envenenou contra seu pastor. Ela acabou abandonando a igreja também. Anos de lealdade foram derrubados através da calúnia, e o pastor perdera uma escudeira confiável. "O homem perverso suscita a contenda, e o difamador separa os maiores amigos" (Provérbios 16:28).

A calúnia pode corromper toda uma igreja local. Somo advertidos: "Se alguém destruir o templo de Deus, Deus o destruirá; porque o templo de Deus, que sois vós, é santo" (1 Coríntios 3:17). O que destrói o templo do Senhor mais rapidamente do que a difamação? Aqueles que corrompem a obra de Deus através dela correm o risco de se tornarem desqualificados e ver seu destino na terra sendo destruído pelo Senhor.

Fique atento a conversas sussurradas. Jesus disse: "e nada disse em oculto" (João 18:20). A calúnia normalmente diz coisa que não gostaria que fossem ouvidas pela pessoa sendo caluniada. Então, aqui está uma boa pergunta para testar e ver se existe calúnia: "Eu diria isso, ou o ouviria, se a pessoa sobre quem estamos falando estivesse em nossa conversa?" Não diga nada que não pudesse gritar dos telhados. *Uma pessoa fiel não tem medo de ser citada porque suas palavras são sempre consistentemente leais, quer sejam faladas em alta voz, quer sejam sussurradas.*

3. A infidelidade irá atacar a Davi.

A deslealdade vai pessoalmente contra Davi. Absalão não fica contente com só espalhar a calúnia sobre seu pai; na verdade ele se lança em um ataque contra ele.

O ataque é normalmente na forma de acusação. Uma coisa é ser confrontado em amor, pois queremos o melhor de Deus para a outra pessoa; outra coisa é bater com frustração. A infidelidade vai deixar marcas em Davi. "Se alguém lhe disser: Que feridas são estas nas tuas mãos?, ele dirá: São as feridas com que fui ferido na casa dos meus amigos" (Zacarias 13:6).

No caso de Absalão ele tentou destronar o pai e assumir sua posição.

A deslealdade não envolve meramente o refutar de doutrinas falsas, ou expor os excessos dentro de um movimento ou corrente no corpo de Cristo. Ela é quase sempre pessoal. É uma afronta pessoa contra um indivíduo.

4. A infidelidade busca desviar os corações dos filhos de seu pai.

"Este líder é perigoso!", dirão. "É legalista, controlador e enganador."

Claro que é possível que um líder seja tudo isso. É por isso que este assunto de lealdade requer muito discernimento e sabedoria dentro do corpo de Cristo. Os fariseus, achando que Jesus era perigoso e enganador, sentiram-se totalmente justificados em sua infidelidade a Ele.

Davi não se levantaria e tentaria colocar ninguém contra Saul. Mesmo que pudesse ter se sentido justificado ao fazê-lo, nunca fez campanha para desviar o coração das pessoas de seu rei. Ele poderia ter dito: "Amo demais o povo para deixá-los serem levados pelos erros de Saul". Mas, ao se recusar a ser um messias para os filhos de Saul, Davi preservou um espírito excelente.

Aqueles que fazem campanhas contra um líder muitas vezes estão querendo seguidores para si. Paulo nos avisa: "E que dentre vós mesmos se levantarão homens que dirão coisas perversas, para atraírem a eles os discípulos" (Atos 20:30). Esses homens não estão dizendo: "Sou seu salvador", nem muito menos "Sigam-me". Simplesmente dizem: "Siga a Jesus — conosco". Seu desejo de reunir seguidores ao seu redor tem o poder de cegá-los para sua deslealdade. Se tivessem um chamado ministerial verdadeiro, iriam se mudar para longe e começar de novo. Porém esse tipo de filhos falsos não tem a tendência de sair da cidade discretamente porque em suas mentes eles "se importam muito com as ovelhas". Então, muitas vezes ficam por perto, minam a autoridade do pai e recebem aqueles que escolhem se abrigar debaixo de suas asas.

Absalão tem sua própria unção — uma que é tão convincente que atrai os sem discernimento a si. Ele é ungido com dons de liderança, com compaixão, com percepção, ousadia e visão. Sua unção é tão forte que seduz alguém sábio como Aitofel para a conspiração. *Observe os que estão em suas fileiras e encontrará principalmente os que eram filhos espirituais de Davi.*

5. A infidelidade não irá dar cobertura ao pai.

Todos cometemos erros e temos aqueles momentos quando precisamos de nossos associados para nos dar cobertura em amor e não divulgar nossas fraquezas para todos. "o amor cobre multidão de pecados" (1 Pedro 4:8). A deslealdade irá expor ao invés de cobrir as fraquezas do pai, por ter perdido o amor.

Aqui está uma ilustração desta verdade retirada da história de Noé:

Começou Noé a ser lavrador da terra e plantou uma vinha. E bebeu do vinho, embebedou-se e ficou nu no meio de sua tenda. Viu Cam, o pai de Canaã, a nudez do seu pai e fez saber a ambos os seus irmãos no lado de fora. Então Sem e Jafé tomaram uma capa e puseram-na sobre ambos os seus ombros e, indo de costas, cobriram a nudez do seu pai. Os rostos deles estavam virados, de maneira que não viram a nudez do seu pai. Despertando Noé do seu vinho, soube o que seu filho menor lhe fizera, e disse: Maldito seja Canaã. Servo dos servos seja aos seus irmãos. E acrescentou: Bendito seja o Senhor, Deus de Sem. Seja-lhe Canaã por servo (Gênesis 9:20-26).

Cam foi o filho infiel nesta história. Quando viu a nudez de seu pai exposta, foi e contou aos outros. "Pessoal, deem uma olhada nisto!" Sem e Jafé foram os filhos verdadeiros — cobriram seu pai neste momento de fraqueza e exposição. A maldição de Noé a Canaã, o filho de Cam, parece muito forte, mas é a resposta do pai à deslealdade do filho. Através da traição, a posteridade de Cam perdeu grande parte de sua herança.

Filhos leais protegem a reputação de seu pai; os desleais derramam pequenos segredos sobre ele que minarão sua credibilidade ou o farão alvo de gargalhadas.

Falando A Verdade

Um dos versículos favoritos daqueles que atacam a Davi é Efésios 4:15: "Antes, seguindo a verdade em amor, cresçamos em tudo naquele que é a cabeça, Cristo". A deslealdade normalmente se apresenta sob a bandeira da "verdade". *O filho infiel se vê como um porta-bandeira da verdade.*

Verdade, na terra dos filhos infiéis, é uma espada que corta e fere. Em vez de servir ao pai, ela o desmembra.

Por outro lado a fidelidade opera sob um temor forte e saudável ao Senhor, lembrando do que Ele disse: "Não toqueis nos meus ungidos e não maltrateis meus profetas" (Salmo 105:15).

Joabe tinha uma escolha difícil, certa ocasião: Caminhar com a verdade, ou caminhar com Davi. Ele sabia que o rei estava errado ao querer contar o número de pessoas (Davi estava violando as orientações da lei de Moisés) e ainda assim Davi era seu líder. No final das contas, Joabe escolheu honrar a posição de autoridade de Davi e liberá-lo para ser corrigido por Deus. Neste caso em especial foi uma decisão sábia.

Joabe teve que escolher entre a verdade e a submissão. Qual era o valor mais alto na situação? Isso é uma questão de extrema importância. A infidelidade normalmente é resultado de um juízo errôneo quando temos que escolher entre valores conflitantes.

Para discussão em grupo:

1. Que outras maldades você acha que podem estar em operação no coração de alguém quando há a infidelidade?
2. Veja Mateus 18:15-17. Como obedecer a esse texto pode nos ajudar a militar contra a infidelidade?
3. Você já percebeu como pode haver uma forte unção sobre os que estão cultivando a deslealdade? Por que Deus, às vezes, unge Absalões?
4. A partir do exemplo de Joabe, conversem sobre a tensão entre a verdade e a submissão. Em tempos de valores conflitantes, que virtude deve ter a proeminência?

Capítulo 20

As Sementes da Infidelidade

O que faz com que a infidelidade germine e floresça? Ela sempre será consequência de desejos pecaminosos que não foram completamente submetidos à cruz e sopram o vento da morte. Por exemplo, o desejo de reunir seguidores ao seu redor — como mencionado anteriormente — é um desejo pecaminoso que irá produzir a traição se não for crucificado. Consideremos alguns fatores que causam a infidelidade.

1. A infidelidade normalmente é consequência de decepções não resolvidas ou de amarguras no passado de alguém.

Esta é a principal causa da infidelidade, e é claramente vista na vida de Absalão. Ele tinha um rancor para com seu pai que remontava a anos anteriores quando não tratou adequadamente sua queixa perdoando seu pai. Esta amargura cresceu e se transformou em uma árvore de traição.

Ofensas são inevitáveis. Jesus nos adverte: "Então muitos se escandalizarão, trairão e aborrecerão uns aos outros" (Mateus 24:10). Na prática, todos já fomos feridos, rejeitados, machucados ou violados. Se estas coisas não forem resolvidas, as sementes da infidelidade ficarão inertes dentro de nós, esperando pela circunstância certa para germinar.

Alguns santos carregam uma suspeita secreta para com as autoridades, algumas vezes enraizada em seu relacionamento com seus pais ou outras figuras em posição de comando em seu passado. Por causa destes assuntos não resolvidos sempre têm dificuldade de se submeter completamente aos líderes com autoridade. Tudo o que precisam é da circunstância correta para vir à tona e se lançar contra Davi, pois estão convencidos que é uma campanha justa.

Absalão sempre irá afirmar que Davi o violou. Irá persuadir aos outros porque é convincente e sincero. Isto faz com que Davi sonde sua alma. Mas, em última análise, o problema não é a pouca habilidade do rei com as pessoas, mas o espírito amargo do filho. Davi não trata Absalão com perfeição, mas continua buscando a Deus; o filho, por outro lado, cultiva a amargura porque nunca morrera para suas ambições.

Não sabemos quando esse sentimento desenvolveu raiz. Sabemos, no entanto, que seu primeiro ato de deslealdade não estava em tentar tomar o trono do pai. Aconteceu muitos anos antes quando fez justiça com as próprias mãos e matou seu meio irmão, Amnom. Assassiná-lo foi um ato direto de infidelidade contra o pai. Quando o fez, colocou também uma faca no coração de Davi. Era um indicativo de seu desrespeito pelo pai mesmo naquela época. Davi amava[1] tanto a Absalão e, mesmo assim, por alguma razão não havia reciprocidade.

Meu pai, Arvin Sorge, diz que *uma pessoa ofendida é um traidor potencial*, um princípio que é claramente visto na vida de Judas Iscariotes. Quando Jesus repreendeu suas respostas carnais, ele ficou ofendido. Sua ofensa mais tarde se manifestou em traição.

A infidelidade seria muito menos comum no corpo de Cristo se orássemos diariamente: "Perdoa os nossos pecados, pois também perdoamos todo que nos deve" (Lucas 11:4).

2. A infidelidade pode se originar de uma inabilidade para receber correção.

Davi tentou administrar a disciplina a Absalão por ter matado seu irmão Amnom. É questionável sobre se ela foi administrada perfeitamente, mas suas intenções eram corretas. No entanto, Absalão nunca a recebeu.

Filhos infiéis acham que a disciplina do pai é dura e excessiva. A intenção de Davi é vista através de lentes do cinismo.

O filho se irrita com as restrições do pai. Como uma pipa ao vento, Absalão se esforça contra a forma como o pai o detém. Quando finalmente se liberta, de repente reconhece que eram as raízes de seu genitor que lhe davam a habilidade de levantar voo. Agora, como a pipa sem linha, todas as suas aspirações caem por terra.

---
1 2 Samuel 18:33; 19:4.

3. A infidelidade às vezes é causada por expectativas irrealistas que o filho coloca sobre o pai.

Pareceria que Judas não ficou feliz com a forma com que Jesus o disciplinou. *Quando um pai não satisfaz o desejo de um filho de ser apadrinhado de forma adequada, é possível que sua decepção culmine em infidelidade.*

Parece que relacionamentos de mentoreamento sofrem prejuízos constantes por expectativas não cumpridas. O filho entra em uma relação com o pai espiritual com esperança de informações transformadoras de vida. Quando não recebe o que havia visado, há a tentação de jogar culpa no pai.

O que os filhos precisam entender é que a natureza do relacionamento pai/filho no Reino sempre será determinada pelo pai, não pelo filho. Os dons e a personalidade do pai irão dar o ritmo de como irá a relação. Um filho verdadeiro irá apreciar e desfrutar do pai por quem ele é e permitir que a relação encontre sua própria entidade orgânica.

Um rapaz atualmente pode pensar: "Cara, tenho certeza de estar sendo um Timóteo e de ter um Paulo como meu pai espiritual!" Se você fosse um Timóteo, provavelmente estaria decepcionado com o nível de insumo que vem de Paulo. O apóstolo não tinha tempo para conversas à luz de fogueira. Se quisesse absorver algumas coisas da sua vida, teria que o fazer enquanto era jogado ao alto mar em meio a naufrágios com ele. "Corra comigo, Timóteo, mantenha seus olhos e ouvidos abertos, e absorva o que conseguir."

O que quero dizer é: os filhos facilmente dão ou tom glamoroso sobre como a relação de pai/filho deve ser. Quando esse relacionamento não atinge seus padrões elevados, a infidelidade bate à sua porta. Em sua imaturidade, os filhos se aproximam primariamente para seu benefício próprio. Se não satisfizerem suas necessidades, é tentador partir em busca de outro lugar para pousar.

Uma razão porque estou escrevendo isto é ter a esperança de que alguns leitores irão despertar para as sementes da infidelidade que estão operando em seus corações e façam meia-volta. Os filhos infiéis não têm, como Caim teve, uma marca indelével em si. Podemos despertar para nossos erros e nos arrepender. Não precisamos nos desesperar com nossas falhas. Há a graça divina para o arrependimento e a busca de um espírito leal de novo. Graças a Deus, Ele nos dá novos começos!

A Infidelidade de Abimeleque

Abimeleque era um jovem da Bíblia que foi infiel a seu pai, Gideão, por causa de mágoas não resolvidas no seu passado. É uma história fascinante com algumas implicações instrutivas. Então, por favor, permita-me contá-la.

Seu pai era um dos grandes guerreiros bíblicos, mencionado até no "Hall da Fé" de Hebreus 11. Ele havia consolidado a nação de Israel contra os midianitas que os oprimiam e os levou a uma vitória dinâmica. Continuou a julgar a nação de Israel fielmente por 40 anos depois daquele maravilhoso livramento. Durante este tempo, apadrinhou muitos filhos, incluindo um que lhe nasceu de uma de suas servas[2] que tinha se tornado sua concubina.[3] Ela deve ter se sentido isolada por alguma razão pelas outras esposas de Gideão, pois escolheu viver em uma cidade completamente diferente (Siquém). Como consequência, Abimeleque crescera sob repressão, sentindo-se um excluído por toda sua vida. Não teve relacionamento com o pai. Nem foi contado entre os 70 filhos de Gideão e nem viveu com eles. Assim, a rejeição e a amargura estavam na raiz de sua história.

Depois da morte do pai, os homens de Siquém (cidade do rapaz) fizeram de Abimeleque seu governante. Ele, então, reuniu um grupo de homens violentos, levantou-se e matou seus 70 irmãos. Somente o mais novo escapou. Depois de Gideão ter servido Israel por tantos anos, seu filho cometeu um ato de traição decisivo contra o pai ao matar seus meio irmãos.

Gideão, como estava morto, obviamente não podia fazer nada sobre a infidelidade do rapaz. Mas Deus assumiu tudo, e Ele mesmo colocou-se contra Abimeleque.

Havendo, pois, Abimeleque dominado três anos sobre Israel, enviou Deus um mau espírito entre Abimeleque e os cidadãos de Siquém. Os cidadãos de Siquém se houveram aleivosamente contra Abimeleque, para que a violência praticada para com os setenta filhos de Jerubaal viesse, e seu sangue caísse sobre Abimeleque, seu irmão, que os matara, e sobre os cidadãos de Siquém, que lhe corroboraram as mãos, para matar seus irmãos (Juízes 9:22-24).

Abimeleque e os homens de Siquém fizeram uma aliança que era fundamentada na deslealdade a Gideão. Então Deus mirou esse pacto infundado, fez-lhe ir à ruína depois de três anos e desviou a lealdade dos homens daquela cidade de Abimeleque para um homem chamado Gaal.

---

2   Juízes 9:18
3   Juízes 8:31

Em resposta, Abimeleque e seus homens atacaram a cidade de Siquém e mataram toda sua população.

Em uma batalha posterior, ele foi ferido por uma mó que foi jogada em sua cabeça e ele morreu.

O comentário que as Escrituras fazem sobre este evento é que "Assim, Deus fez tornar sobre Abimeleque o mal que tinha feito a seu pai, matando seus setenta irmãos. Fez também tornar todo o mal dos homens de Siquém sobre a cabeça deles. A maldição de Jotão, filho de Jerubaal, veio sobre eles" (Juízes 9:56-57). Assim, todos os que se envolveram na aliança ímpia fundamentada em deslealdade receberam troco de Deus e sofreram mortes prematuras.

Sua história é um caso para estudo de amargura que se tornou em deslealdade. Mas sua mágoa com seu pai, não ficou só para si. Ele a espalhou pelos habitantes de Siquém e todo Israel. Influenciados por ele, o povo de Israel desonrou a figura de pai de Gideão sobre eles. Consequentemente toda a nação sofreu amargamente.

Este exemplo nos constrange a nos fazer a seguinte pergunta pungente: Temos honrado adequadamente aqueles que, tanto no passado como no presente, têm agido como pais e mães entre nós? Alguns líderes são apenas mais um em uma série de líderes que serviram ao longo dos anos; mas há outros que realmente agiram como *pais* em uma localidade. Deus reserva uma bênção para nós quando honramos nossos Gideões: "Honra teu pai e tua mãe, que é o primeiro mandamento com promessa, para que te vá bem e vivas muito tempo sobre a terra" (Efésios 6:2-3).

Para discussão em grupo:

1. Seu grupo concorda que a deslealdade é mais normalmente enraizada em mágoas não resolvidas? Compartilhe um incidente no qual teve que se livrar de uma mágoa que poderia ter corrompido seu coração. Ou converse sobre uma amargura que ainda luta para superar.
2. Conversem sobre a ilustração da pipa. Conhece algum filho que tem forçado a linha que o restringe?
3. Como podemos nos proteger contra a formação de expectativas irrealistas em uma relação de mentoreamento?
4. Para você o que mais se destaca na história de Abimeleque?

Capítulo 21

Como Evitar a Traição

Neste momento estamos todos preparados para evitar a deslealdade e a traição a quase qualquer preço. Então que passos podemos tomar para nos guardar ou assegurar que não seremos suas vítimas por parte daqueles que nos rodeiam?

A resposta é simples, na verdade. A proteção mais certa contra a traição é: *Não tenha nenhum filho.* Não procure reproduzir ou investir na próxima geração. Voe sozinho. Não confie em ninguém. Não tenha filhos — quer naturais ou espirituais — e terá menos chance de ser traído.

Porém, uma vez que decida que quer ter uma posteridade, as chances de seus filhos serem desleais a você aumentam exponencialmente.

Se Davi não tivesse filhos, não teria experimentado a rebelião de Absalão e Adonias. Mas também não teria tido a alegria de colocar seu descendente, Salomão, no trono.

Se Jesus não tivesse tido discípulos, não teria provado o beijo traidor. Nem teria passado o bastão para um grupo de homens que, por seguirem Seus passos, viraram o mundo de cabeça para baixo.

A infidelidade e a traição são riscos inerentes que um pai espiritual assume quando investe em filhos espirituais. O amor nos coloca nas mãos de outro, onde somos tocados pelo amor de alguns e feridos pela rejeição de outros. Quando abrimos o coração para abraçar um filho e trazê-lo para o círculo íntimo de confidência damos ao filho desleal a oportunidade de traição. Se ele não fosse tão amado, não doeria tanto.

Certa vez fui o pregador convidado em uma igreja onde, depois de uma reunião, o pastor me contou sobre o alerta que havia recebido de alguém da comunidade com relação a um de seus líderes. Um irmão com dom de profecia o avisara que aquela pessoa iria eventualmente causar dissensão e divisão, levando um grupo consigo. Até ali isso não havia acontecido, e o pastor pediu meu conselho. Foi realmente difícil para ele não suspeitar daquele líder daquele ponto para frente.

Mostrei-lhe a Escritura que diz que o amor "tudo crê" (1 Coríntios 13:7), então ele crê no melhor dos outros. O amor não vive em suspeita com relação àqueles que são da equipe de liderança. Uma palavra de alerta como essa não era base para restringir o ministério de um vaso qualificado. Mas, por outro lado, a sabedoria não despreza a profecia que é dada em nome de Jesus.[1]

Se a profecia fosse verdadeira, então consideramos juntos qual seria o propósito de Deus em estar dando o aviso. Seria para que o pastor se protegesse contra uma infidelidade potencial? Acho que não — nem Davi nem Jesus se protegeram. Se a palavra fosse verdade, não acho que tenha sido dada por causa do pastor, mas por causa do jovem líder. Talvez o Espírito a entregou para que o pastor pudesse dar ao rapaz uma liderança bem informada, dando-lhe oportunidade para afastar a traição de seu coração. Foi assim que Jesus tratou a Judas. Conhecendo o que ia em seu coração, o Mestre ainda o convidou para Sua equipe de liderança, e durante um período de três anos lhe deu todas as oportunidades possíveis para tratar com os problemas em seu interior. Na refeição pascal, sabendo que ele O trairia naquela noite, Jesus lavou seus pés. E então, em um ato supremo de misericórdia, o Senhor deu um passo à frente durante Sua prisão para Se identificar, tirando de Judas a necessidade de dar o beijo de traição.[2] Que líder!

Para discussão em grupo:

1. Considerando todos os riscos, por que a paternidade espiritual ainda vale à pena?
2. Se estivesse sendo alertado que alguém em sua equipe seria desleal a você, como responderia? Considere o que aconteceu com Gedalias quando ele não acreditou no relatório de traição que fora tramada contra ele (Jeremias 40:7 – 41:3).

---

1   1 Tessalonicenses 5:20
2   João 18:5

CAPÍTULO 22

Como Devemos Responder à Traição

Um líder deve confrontar diretamente quando percebe a infidelidade fermentando, ou deve permitir que o Senhor o defenda?

Há tempo para tudo. Há o tempo de deixar Judas revelar sozinho quem ele realmente é. E também há tempo para uma ação imediata e decisiva.

Jesus indicou que tem uma forma bem severa de tratar com quem Lhe é desleal: "Trazei, porém, aqui aqueles meus inimigos que não quiseram que eu reinasse sobre eles e matai-os diante de mim" (Lucas 19:27). O Mestre lida com veemência com a infidelidade porque ela não tem absolutamente lugar nenhum na cidade eterna. A infidelidade, a menos que seja tratada desta forma definitiva, sempre fomenta problemas. Não trate dela e será como o fermento na massa.

Quando estamos cientes que o fermento da infidelidade está em operação no corpo de Cristo, somos aconselhados a lidar com ele de forma radical: "Livrai-vos do fermento velho, para que sejais uma nova massa, assim como estais sem fermento" (1 Coríntios 5:7). A palavra "livrai-vos" descreve o tipo de perfeição que um cirurgião usa para extrair todo o câncer do corpo de um paciente. Um cuidado semelhante é aconselhado em Hebreus 12:15: "Tende cuidado para que ninguém se prive da graça de Deus e que nenhuma raiz de amargura, brotando, vos perturbe, e por ela muitos se contaminem". Devemos observar cuidadosamente para que possamos neutralizar a deslealdade antes que ela entre em explosão.

No entanto, é perigoso confrontar a deslealdade prematuramente, pois isso pode produzir uma tensão aumentada no campo, em vez de resolver o problema. Jesus tratou disso em Mateus 13:24-30 quando disse que é possível arrancar o falso e ao mesmo tempo prejudicar o genuíno. Não se pode remover com sucesso as ervas daninhas até que se torne evidente a todos onde elas estão de fato. Simples assim. Se elas forem confrontadas prematuramente, aqueles que não têm discernimento acharão que você está arrancando o trigo. Em outras palavras, se tentar arrancá-la antes que esteja claro aos principais jogadores de que a deslealdade é o verdadeiro problema, você corre o perigo de causar mais prejuízo relacional entre os membros genuínos do que se deixasse quieto e esperasse que a coisa amadurecesse.

E o que deve fazer um crente que vê a infidelidade em outro crente? O conselho de Paulo foi: "destes afasta-te" (veja 2 Timóteo 3:2, 5).

Há o tempo em que não se deve permitir que a infidelidade encontre espaço, onde se deve expugná-la de forma decisiva. O próprio Davi não tratou daqueles que lhe foram infiéis, mas instruiu a seu filho, Salomão, a usar sabedoria ao dispensar a justiça sobre eles. Foi o que ele fez. Quando surgiu a oportunidade certa, Salomão enviou Benaia para executar Adonias que havia tentado destronar Davi. Então, Joabe foi executado por participar nesta traição. Mais tarde, Abiatar, o sacerdote, foi retirado do sacerdócio por sua conspiração e enviado de volta para sua fazenda. E finalmente, Simei, o benjamita que cercou Davi enquanto ele fugia de Absalão e que havia violado os termos de seu confinamento em Jerusalém, foi executado a seu tempo. As Escrituras dão o seguinte testemunho quando estes quatro homens, que representavam a deslealdade a Davi, foram removidos por Salomão: "Assim, foi confirmado o reino na mão de Salomão" (1 Reis 2:46). O filho de Davi não estaria totalmente firmado no trono até que tivesse tratado com os elementos da infidelidade que estavam em seu reino.

Há o momento de tratar com a deslealdade existente nas fileiras de combate.

Um Líder Consegue Reparar A Fidelidade Que Foi Quebrada?

Se a lealdade dos filhos para com seu pai espiritual sofreu alguma perda, pode o pai fazer algo para reparar o prejuízo? Vamos responder esta questão observando o relacionamento de Paulo com a igreja em Corinto.

Os crentes coríntios inicialmente eram leais ao apóstolo, mas então uma certa facção surgiu no espírito de Absalão tentando minar esse relacionamento. Paulo não ficou acomodado, mas permitiu que ela crescesse sem desafiá-la. Ele sabia que era interesse daqueles crentes permanecerem verdadeiros para com ele, pois ele lhes serviria como um pai fiel. Então, pelo bem deles mesmos, decidiu confrontar a situação. Buscou reparar sua aliança antes que ela se tornasse uma deslealdade evidente.

Aqui está como a combateu: *apelou a eles em amor*. Não invocou sua autoridade apostólica e exigiu sua fidelidade. Em vez disso, solicitou seu amor. "Abri o coração para nós; não lesamos, nem corrompemos, nem exploramos ninguém" (2 Coríntios 7:2).

Não disse: "Sejam fiéis a nós, porque somos líderes melhores do que outros". De fato, Paulo foi cauteloso ao enfatizar que não havia nada inerente neles que fosse suficiente para qualquer coisa; sua suficiência vinha de Deus.[1] Ao contrário, estava apelando por seu amor, porque Deus o colocara em suas vidas para aquele ministério de supervisão,[2] ele os amava profundamente,[3] e zelava por apresentá-los a Cristo como uma virgem casta.[4]

O mais perto que alguém pode chegar de solicitar a lealdade é expressando seu amor e apelando a ele.

Neste caso, sua abordagem foi bem sucedida. Mais tarde falou de como eles haviam afirmado sua fidelidade a ele: "Porque, quanto cuidado não produziu isto mesmo em vós que, segundo Deus, fostes entristecidos! Que apologia, que indignação, que temor, que saudades, que zelo, que vingança! Em tudo demonstrastes estar puros neste assunto" (2 Coríntios 7:11). Eles haviam demonstrado desejo veemente de expressar sua lealdade a Paulo e em temor trataram com o irmão que trazia discórdia e que buscava desviar sua lealdade do apóstolo. Foi desta forma que os coríntios se absolveram.

Paulo prossegue dizendo: "Portanto, ainda que vos escrevi, não foi por causa do que fez o agravo, nem por causa do que sofreu o agravo, mas para que nossa diligência por vós fosse manifesta diante de Deus" (2 Coríntios 7:12). Acima de tudo, o que o apóstolo queria que eles percebessem era o quanto ele os amava.

Sua resposta incluiu seu amor pelo irmão que fora desleal. De forma semelhante, Jesus amara Judas sem cessar. Também Davi amou Absalão até o fim. Mesmo quando temos que confrontar a deslealdade, o Senhor nos dá um amor fervoroso por quem está no erro.

---

1   2 Coríntios 3:5-6
2   2 Coríntios 10:13
3   2 Coríntios 7:12
4   2 Coríntios 11:2

Como Devo Me Relacionar Com Amigos Que Foram Infiéis?

Suponhamos que seu amigo foi infiel a você. Você fez o máximo para consertar a fissura, mas estava além de seu controle e agora a deslealdade produziu uma quebra clara em seu relacionamento. O que você faz agora?

A triste verdade é que, quando a infidelidade abala uma amizade, na maioria das vezes e quebra nunca é reparada. A única forma de que isso não ocorra seria se o próprio Deus entrasse na situação e convertesse o coração da parte infiel para aquele que foi violado.

O Senhor ocasionalmente faz isso. Por exemplo, no caso de Jó Deus interveio falando diretamente com Elifaz (um de seus três amigos) e o instruiu a voltar para Jó para que ele orasse a seu favor e o abençoasse.

Ao terminar de dizer essas palavras a Jó, o Senhor disse a Elifaz, o temanita: Minha ira se acendeu contra ti e teus dois amigos, porque não dissestes de mim o que era reto, como o meu servo Jó. Tomai, pois, sete bezerros e sete carneiros, ide ao meu servo Jó e oferecei holocaustos em vosso favor, e meu servo Jó intercederá por vós; porque deveras a ele aceitarei, para que eu não vos trate consoante vossa loucura; porque vós não falastes de mim o que era reto como o meu servo Jó. Então foram Elifaz, o temanita, Bildade, o suíta, e Zofar, o naamatita, e fizeram como o Senhor lhes dissera; e o Senhor aceitou a intercessão de Jó (Jó 42:7-9).

Se Deus não tivesse soberanamente entrado na brecha, ela jamais teria sido reparada. Foi Sua misericórdia que os converteu a Jó, pois ele estavam debaixo da ira de Deus por causa de sua deslealdade. O Senhor poderia ter permitido que estes três amigos se endurecessem em sua posição e depois colhido as consequências. Mas, em vez disso, teve misericórdia de sua ignorância e revelou a Elifaz Sua desaprovação.

Mas Deus não entra desta forma em todas as brechas. O que aconteceu entre Ló e Abraão é o mais comum: Ló nunca voltou ao seu tio.

Em outro exemplo os líderes de Israel foram desleais ao profeta Jeremias, mesmo que ele tivesse lhes entregado a palavra do Senhor fielmente. Sua resposta à fidelidade do profeta foi abusar dele e aprisioná-lo. E aqui está como o Senhor aconselhou Jeremias a tratar do assunto: "Tornem-se eles para ti, mas não voltes para eles" (Jeremias 15:19). O que Deus dizia basicamente era: "Se essa quebra vai ser um dia sarada, será responsabilidade daqueles que foram desleais se aproximarem primeiro de você. Não vá a eles.

Se você o fizer, seus esforços serão infrutíferos e contraproducentes. Espere para que o coração deles se voltem a você, ame-os e os libere para Mim".

Percebendo Um Propósito Redentor na Infidelidade

A infidelidade é muito dolorosa para os pais e mães espirituais. Ela tem o poder de roubar totalmente o vento de nossos veleiros. Podem distrair tanto na tentativa de lidar com o caos relacional que a causa de Cristo sofre por ela. E, é claro, esta é a parte na agenda de nosso inimigo em causar a traição, pois ele sabe o quão devastadora é para o Reino de Deus.

No despertar da traição de Absalão, todos sofreram perda. Ele perdeu, Davi perdeu, Joabe perdeu, as concubinas de Davi perderam, Amasa perdeu, Aitofel perdeu, Simei perdeu, Mefibosete perdeu, Sebá perdeu e toda a nação sofreu. Ninguém sai vencedor (motivo pelo qual a infidelidade deve ser resistida de forma tenaz na igreja de hoje). E ainda assim, Deus tem um jeito de fazer com que toda traição se torne em uma ferramenta de refinamento de Seus Davis. O Senhor pode tirar mel da rocha.

Davi viu a infidelidade como parte do treinamento de Deus para sua vida. Foi-lhe necessário provar desta amargura para que pudesse ser um sinal, pessoalmente, da traição que o Messias vindouro iria experimentar. Além disso, essa traição o qualificou a falar a cada geração subsequente de líderes. A fim de ser um protótipo de líder — um precursor — ele tinha que provar todo o círculo da rejeição que os líderes enfrentam. Seu exemplo seria muito menos relevante se nunca tivesse tido um filho não verdadeiro.

Agora conseguimos ver claramente: *Onde houver um Davi, haverá um Absalão. Ele é só parte do pacote.* E uma forma de Deus amansar os Davis e torná-los humildes no meio da promoção e das grandes vitórias espirituais. Deus tem um propósito na traição, e é extremamente importante que Davi veja Sua mão nisto para que possa tratar o filho rebelde com quebrantamento, mansidão e misericórdia.

Deus usa tudo. Até as coisas mais negativas são redimidas para Seu propósito. Ele tira vantagem de cada pedacinho: "para que nada se perca" (João 6:12). *O Senhor não instiga a infidelidade a Davi, mas quando ela vem à tona Ele a usa para treiná-lo e moldá-lo e para mantê-lo suave, dependente e humilde.*

Para discussão em grupo:

1. O que você acha — devemos expelir a deslealdade imediatamente ou esperar para que Deus nos defenda?
2. Você pode pensar em uma vez em que viu um apelo ao amor que realmente funcionou?
3. Alguém já lhe foi desleal? Como você respondeu?
4. Quais são alguns dos propósitos redentores que Deus pode tirar da deslealdade?

Parte Quatro

CORAÇÕES DOS PAIS CONVERTIDOS AOS FILHOS

Por fim, vamos examinar uma área tão preciosa ao coração de Deus: A parceria das gerações em favor de uma colheita farta no fim dos tempos. A fidelidade está no centro do chamado do Espírito para que as gerações se unam em afeição e em torno de um propósito comum — pois a volta de Cristo está mais próxima que nunca, está às portas.

Capítulo 23

Honrando a Medida do Pai

A fidelidade é uma questão importante (embora não exclusiva) entre as gerações. É o nobre vínculo que une uma geração à outra.

Estamos vivendo em um tempo especial na história — um tempo em que Deus está convertendo os corações dos pais aos seus filhos e dos filhos a seus pais. O Senhor está colocando na geração atual um desejo apaixonado de ser leal a seus pais espirituais.

Se você tem menos de 30 anos e acabou recentemente a parte anterior sobre deslealdade, provavelmente está experimentando um desejo profundo de ser leal a seus pais e mães da geração mais velha. Isso é maravilhoso! Deus está preparando seu coração.

Nesta seção de conclusão, portanto, tentarei pintar um quadro sobre para onde o Senhor está guiando nossos corações em lealdade, como chegaremos lá e como será quando lá estivermos.

A Fidelidade Honra a Medida

No capítulo 2 tratamos com o uso que Paulo faz da palavra "medida".[1] A medida é o círculo de influência entre as pessoas que Deus dá a um homem ou mulher. Por ser dada pelo Senhor, ninguém pode aumentá-la significativamente, e ninguém deve tentar removê-la. A fidelidade nunca irá minar a medida de um pai ou mãe espiritual. Esta verdade é o primeiro passo para andarmos adiante juntos.

---

[1] 2 Coríntios 10:13-16

Paulo fez um pedido interessante aos crentes coríntios. Expressou sua esperança de que eles o engrandeceriam em sua medida.² Não pedia que aumentassem sua medida — ninguém pode fazê-lo. Mas pedia que lhe dessem, de forma generosa, o privilégio e o direito de atuar em seu meio com plena autoridade apostólica.

Ele apelava a sua lealdade dizendo, simplesmente: "Deus colocou vocês dentro da nossa medida; vocês estão em nosso coração para vivermos e morrermos juntos. Por favor, reconheçam o papel que Deus nos deu em suas vidas, recebam-nos de coração aberto e permita-nos atuar plenamente dentro da medida que o Senhor nos deu". A questão sobre a lealdade é abrir bem o coração para esta pessoa. Havia um espírito de Absalão atuando na igreja em Corinto a fim de roubar de Paulo seu lugar de autoridade apostólica e de supervisão sobre a igreja. Para combatê-lo, ele não poderia exigir ou pedir fidelidade deles, mas poderia apelar para seu amor.

Para engrandecer bastante o apóstolo em sua própria medida, os coríntios precisariam dizer coisas do tipo: "Paulo, nós reconhecemos que sua medida nos inclui, porque você veio a nós com o evangelho. Devemos nossas vidas aos sacrifícios de seus labores entre nós. Portanto, recebemos com prazer sua contribuição de pai para nós. Buscamos de forma ativa sua cobertura e supervisão espirituais, e nos propomos a fazer o melhor para seguir tudo o que nos pedir. Damos nossos corações desta forma, porque temos visto seu amor por nós, e nós seremos recíprocos assegurando-lhe de nossas afeições amorosas por você. Nós o amamos e confiamos em você, pois sabemos que sua vida está totalmente derramada pela causa do Reino e para nossa edificação mútua. Nossos corações são seus. Damos-lhe honra ainda maior em nosso meio do que fizemos no passado por estarmos convictos de que enquanto honramos seu papel sobre nós e entre nós, seremos abençoados por Deus. Iremos honrar e engrandecer seu lugar de autoridade entre nós, e então liberá-lo para ir às pessoas não atingidas na Espanha".

A esfera de Paulo não se estendia a todas as cidades e igrejas que existiam nesta época, mas somente àquelas onde havia uma história pessoal de construção. Estas igrejas que reconheciam e honravam sua medida entre eles o fizeram para sua própria edificação e segurança.

O apóstolo não via sua medida com um reino no qual desfrutava de privilégios superiores por causa de sua experiência. Não usava sua medida apostólica como uma oportunidade de exercer poder sobre as pessoas ou despojá-las de suas reservas financeiras. Em vez disso, serviu em uma liderança como

---

2   2 Coríntios 10:15

Cristo ao lavar os pés dos que estavam dentro da sua medida. Trabalhou mais abundantemente para que eles pudessem entrar para a vida abundante. Ao invés de mandar neles como um rei que desfruta de um padrão mais alto de vida, Paulo derramou a sua vida para eles como um servo de todos.

Os apóstolos serão honrados em sua medida enquanto entregam suas vidas pelo ministério. Paulo disse que eles são os primeiros a serem designados[3], mas são colocados em último lugar.[4] Em outras palavras, são os primeiros em autoridade e os últimos em privilégios. Não usam sua autoridade para fazer com que os filhos realizem o seu trabalho. Para que sua medida e autoridade sejam acolhidas, têm que trabalhar mais, dar mais, suportar mais e orar mais. Os filhos não lhes são dados para fazer com que pareçam melhor; é o contrário. Quanto maior a medida de Davi, menos ele ganha e mais dá. Como alguém disse certa vez, se quiser que os homens sangrem, você tem que ter uma hemorragia.

Vale a pena repetir: A lealdade sempre está consciente da medida de cada um. Um filho verdadeiro está sempre ciente do domínio do pai e não faz nada para violar sua medida. Por ter sido leal a Paulo, Timóteo nunca fez algo que infringisse a medida do apóstolo. Ao contrário, sempre foi cauteloso em permanecer dentro de sua própria medida e preservou para Paulo o que era propriamente dele. O apóstolo percebeu como Timóteo fez isso, e é por isso que ele é chamado de filho verdadeiro.

Um filho verdadeiro não usurpa o que é de seu pai a fim de estabelecer sua própria medida. O que não é verdadeiro, ao contrário, sente que a medida do pai faz sombra à sua e é constritiva. Vê a si mesmo como uma pequena muda à sombra de um enorme carvalho, e em quanto o pai (o carvalho) estiver em seu lugar, a mudinha nunca terá a oportunidade de conseguir a luz do sol e crescer o que lhe foi destinado. Conclui, então, que se vai crescer, o pai precisa ser cortado ou de alguma forma removido. Assim, acaba violando sua lealdade ao pai em prol de tentar estabelecer sua própria medida.

Honrar A Medida De Davi Produz Bênção

Um pai verdadeiro não deve ser visto como uma grande árvore que impede o crescimento de tudo que estiver abaixo dele; ao contrário, é *como uma videira nutriente, e todos que se unem a ele irão se beneficiar do fluxo de vida que é gerado através de seu ministério.* Quanto maior sua medida, mais galhos

---

[3] 1 Coríntios 12:28
[4] 1 Coríntios 4:9

(filhos e filhas) podem se unir a ele. Os grandes pais espirituais fornecem uma cobertura espiritual sob a qual muitos filhos e filhas podem florescer e se desenvolver para seu destino.

O reino de Davi é uma ilustração excelente desta verdade. Aqueles que expressaram sua lealdade a ele foram feitos capitães da tropa.[5] Se tivessem sido desleais, nunca iriam ascender aos lugares de grande autoridade e serviço no reino. Por terem sido leais se viram servindo proeminentemente na nação que cresceu para se tornar a maior monarquia da terra naquela época.

Timóteo experimentou o mesmo. Ao entrar na medida de Paulo, ele entrou em toda a amplitude do ministério que era muito maior do que qualquer coisa que ele tivesse tocado por si próprio.

A Infidelidade Desafia a Medida de Davi

Quando Deus começa a abençoar uma companhia[6] por causa de sua lealdade a Davi, e grandes guerras são vencidas por Joabe e seus capitães, é muito tentador para esses líderes começar a pensar que o crescimento e ampliação da nação é devido às suas proezas na batalha e sua perícia. É-lhes fácil crer que são responsáveis pelas grandes vitórias. Então, quando Davi exerce certo grau de autoridade eles não gostam, podem ficar insatisfeitos e começar a pensar: "Ei, Davi, você não é indispensável. Se não se cuidar, vamos nos livrar de você, pois não precisamos de você para manter o momento que estamos desfrutando".

Nos casos onde os capitães realmente se livram de Davi, no entanto, logo descobrem que as bênçãos que estavam desfrutando eram porque estavam sob a égide da sua autoridade. Deus está em aliança com Davi e o ajudando, e o que eles aproveitavam era a frutificação de estarem ligados à vinha de seu líder. Em se retirarando da medida do comandante, Deus não mais irá ajudá-los como fizera anteriormente, e as coisas, com o tempo, irão tomar um rumo negativo.

Quando Absalão se forçou para dentro da medida do pai, ele cedeu e fugiu de Jerusalém. A perspectiva de Davi era: "Deus me deu minha medida, se devo tê-la de volta algum dia, Ele ma devolverá". *Sabedor de que sua medida era dom do Senhor, não era possessivo, mas agia com liberalidade.* Esperava pela defesa divina, o que foi feito quando foi restaurado ao trono.

---

5   1 Crônicas 12:18
6   No sentido militar, aqui. Nota da tradutora.

Você não precisa limitar a medida de alguém para estabelecer sua própria esfera de influência. O Reino trabalha exatamente de forma contrária a isso. *Você encontra herança maior quando luta para que as medidas dos seus companheiros sejam ampliadas à sua maior medida.*

Ajudando Timóteo a Encontrar Sua Medida

A coisa mais sábia que um filho pode fazer é ficar nas fileiras que estão sob o comando de seu pai, permanecer verdadeiro em amor e aceitar a medida de autoridade que vem a ele através da cobertura de seu pai. Desta forma, irá descobrir uma herança muito maior e irá ser poupado de muitos ressaltos e feridas pelo caminho.

Algumas pessoas acham que se Paulo devia ajudar Timóteo a encontrar seu lugar na seara, deveria se colocar de lado e parar de ceifar para que o rapaz pudesse agir por conta própria. Isso não é verdadeira paternidade. *Paulo cuida de Timóteo ao ceifar em ritmo mais acelerado enquanto o treina, tendo-o a seu lado.* O filho leal *quer* que o pai atue, sabendo que seu modelo é mais eficiente em termos de ajuntar a colheita e de treinar os filhos verdadeiros.

Timóteo, aqui está meu conselho a você: encontre um pai espiritual que irá estabelecer um ritmo para você, vá para trás dele e mova sua foice no momento em que ele estiver cortando seus feixes. *Honre sua medida, e ele o levará a lugares que nunca viu antes.*

Liberando os Apóstolos dos Últimos Tempos

Quando os Davis de Deus são honrados e aumentados em sua medida, todo o corpo de Cristo é beneficiado, porque aqueles que têm uma comissão apostólica são liberados para atuar. O Senhor está fazendo coisas maravilhosas na terra atualmente. Está levantando Davis e Paulos (homens e mulheres) com chamado apostólico que estão sendo comissionados de Deus para guiar o corpo de Cristo à diante em suas obrigações de tempos finais. Mesmo que Davi possa não sentir muita liberdade para falar sobre fidelidade à sua equipe (para que não pareça que está servindo a si mesmo), o fato é que provavelmente ela tem o papel mais crítico na sua liberação para a plenitude de seu chamado.

A fidelidade não encontra maior alegria do que quando Davi é honrado, estimado, enaltecido, premiado, promovido, aumentado e quando lhe é dada uma medida maior.

Quando as facções da deslealdade vêm contra Davi, estão machucando a si mesmos e prejudicando o progresso do Reino. Olhamos para aqueles que se levantaram contra Davi e queríamos poder lhes dizer: "O que estão pensando? Entendem o privilégio que têm de servir sob o comando de Davi? Por que não estão maximizando esta oportunidade?"

Provavelmente eles retrucariam: "A reputação de Davi tomou proporções mitológicas. Você não entende, ele é incrivelmente humano. Conviver com ele não é tão bom quanto os livros de história pintam. O cara, às vezes, cansa. Ou jogamos do jeito dele, ou não jogamos jogo nenhum. É repressivo!"

"Não, vocês não entendem!", responderíamos. "Não percebem o quanto é bom o que têm. Tudo o que teriam que fazer é entrar em outra era e olhar para trás, então veriam que privilégio incomum vocês têm de servir com um líder tão grandioso."

A maioria dos Davis não são totalmente reconhecidos e apreciados até que tenham morrido. É o destino dos Absalões olhar para trás para ver o que poderia ter sido e se arrepender de suas escolhas míopes.

O Poder da Liberação

A *fidelidade libera autoridade*. A lealdade de Timóteo deu a Paulo autoridade sobre sua vida. Ela é algo poderoso, porque estabelece nobreza no coração do filho e a evoca no coração do pai. A fidelidade dirigida a um líder imaturo pode de fato, dar-lhe poder para se desenvolver em seu potencial. E também tem o poder de transformar o seguidor neste processo. Ela mudou homens deprimidos e devedores irados nos poderosos de Davi. Os maiores líderes estão rodeados por pessoas que são tão humanas quanto todo mundo — mas a lealdade os ergueu à nobreza da grandeza.

A fidelidade vai ser um dos fatores primordiais na determinação de quando os apóstolos dos últimos tempos serão liberados no corpo de Cristo. Se os líderes forem leais a seus apóstolos, esses estarão capacitados a agir. É importante que a Noiva dos últimos dias encontre sua fidelidade aos seus Davis, porque o programa do inimigo será disseminar discórdia entre os irmãos. Sem a fidelidade, os apóstolos ficarão impedidos e frustrados; e com eles amarrados, o momento de explosão da igreja será prejudicado. É a sua liberação que irá catapultar a igreja em direção à sua herança do fim dos tempos.

Para discussão em grupo:

1. Para você o que significa aumentar a medida do seu pai espiritual?
2. Quando olha para os pais espirituais, vê grandes carvalhos que impedem o crescimento de tudo o que está debaixo deles, ou grandes vinhas frutíferas que promovem o crescimento de tudo o que está ligado a elas?
3. Você tem um Timóteo a quem está tentando guiar para sua própria medida de eficácia ministerial? Quem é ele? Como está tratando o processo?
4. Ver a liberação dos apóstolos de Deus dos últimos tempos parece maravilhoso para todos nós! Mas o que podemos fazer para facilitar essa liberação?

Capítulo 24

Investindo nos Filhos Verdadeiros

Deus criou todo o universo para um só propósito: trazer muitos filhos à glória. O Senhor tem o coração de um Pai verdadeiro — criou tudo para Seus filhos. Meus pais têm uma expressão que usam frequentemente: "Tudo para as crianças!" Este também é o coração do Deus Pai. Nós somos, literalmente, o centro do Seu universo.

Pais Que Investem, Filhos Enriquecidos

Os pais fazem tudo pelos filhos. Conforme vimos no Capítulo 15, o papel dos pais é tornar os filhos mais ricos. Por exemplo, o plano da redenção de Deus era exaltar Seu Filho:

Pelo que também Deus o exaltou soberanamente e lhe deu um nome que é sobre todo nome, para que ao nome de Jesus se dobre todo joelho dos que estão nos céus, na terra e debaixo da terra, e toda a língua confesse que Jesus Cristo é o Senhor, para a glória de Deus Pai. (Filipenses 2:9-11)

O Pai exaltou ao Filho dando-Lhe não só toda a riqueza no céu, mas também Lhe dando um nome que está acima de todo nome.

O papel dos filhos é se gloriar e glorificar o pai. É por isso que Jesus disse ao Pai: "Eu te glorifiquei na terra" (João 17:4). *O Filho fica com o que lhe foi dado e o Pai fica com a glória. Desta forma todos ficam impressionados com o Pai.*

O mesmo acontece com os pais e filhos na fé. Os últimos são liberados enriquecidos; mas o que é seguro para eles é que os pais ficam com a glória no relacionamento. Os filhos são enriquecidos, e os pais ficam com todo o crédito.

No caso de Absalão, ele não ficou satisfeito somente com as riquezas, queria a glória também. Essa é a natureza de infidelidade — ela não quer só o que o pai pode dar; quer a medida do pai. O fato do pai receber a glória é que salva o filho de ser destruído por sua herança. Absalão não podia perceber que estaria mais seguro quando Davi ficasse com a glória.

O filho que é leal — Salomão — irá, com o tempo, entrar em sua própria glória quando seu pai passa-la adiante. É preciso que passe uma geração para que Salomão seja estabelecido na glória da paternidade, tendo seus próprios filhos sob seu comando. Por ter sido paciente, ele vê este dia chegar; mas por ser impetuoso, Absalão nunca o viu.

Pais verdadeiros almejam enriquecer seus filhos para que eles possam ser lançados às suas promessas. Isso poderia explicar a angústia de Davi com Absalão. O pai queria lhe dar o melhor que poderia para fazer com que ele seguisse em direção ao seu destino. Mas Davi também sabia, em sua sabedoria, que se lhe desse demais muito cedo, isso acabaria sendo sua ruína.

Davi reteve estrategicamente tanto de Salomão quanto de Absalão, esperando pelo tempo certo. Salomão viu seu pai segurando o trono para ele, mas sua resposta foi de lealdade. Esperou pacientemente. O outro filho, por outro lado, viu seu pai retendo coisas dele e respondeu com amargura. Se não iria lhe ser dado, ele ira tomá-lo. Sua deslealdade o privou da habilidade de perceber o coração do pai de lhe dar toda herança; tudo o que conseguia ver era como Davi o estava restringindo. Absalão buscou arrancar coisas do homem que, talvez mais do que qualquer outro, almejava enriquecer aos filhos.

Os Pais Reservam Os Dotes Para Os Filhos Leais

Os pais querem enriquecer os filhos, mas só desejam se despojar em favor daqueles que são realmente leais. Conheço pastores que foram acusados de nepotismo por ter colocado seu filho natural como seu sucessor. No entanto, percebi ao longo dos anos que os filhos naturais tendem a ser mais leais aos pais. Então quando o pai indica seu filho biológico como seu sucessor é porque está observando a fidelidade. *Quando um filho verdadeiro é colocado para suceder o ministro sênior, Deus honra a fidelidade do filho e abençoa toda a congregação.*

A última coisa que um pai quer fazer é dar a herança a um filho que irá renegá-lo, ou que violará todos os princípios base sobre os quais construiu a herança. Por esta razão, pais que investem nos filhos (líderes no corpo de Cristo que têm um ministério substancial) estão sempre em vigia por um filho verdadeiro a quem possam passar o bastão. Infelizmente, tem havido tantos filhos desleais no corpo de Cristo que os pais ricos se tornaram desconfiados. Assim, há um pensamento que emergiu na igreja atual que diz: "Se quer ter certeza de que o filho a quem passa seu bastão é fiel, então é melhor dá-lo ao seu filho natural. Porque em tempos problemáticos, eles são da família e vão ficar com você". Esse provérbio é baseado no dito popular: "O sangue fala mais alto". Em outras palavras, sua melhor chance de ter um sucessor que seja leal a você é passar seu ministério a seus filhos biológicos. Mas eu tenho um problema com esse provérbio.

Esclareço. Não tenho problema com o pai dar o bastão para o filho natural, como por exemplo Billy Graham para Franklin Graham; ou Pat Robertson para Gordon Robertson; ou Freda Lindsay a Dennis Lindsay; ou Kenneth Hagin para Kenneth Hagin Jr.; ou John Osteen a Joel Osteen, e etc. Eu admito: há uma segurança em manter tudo em família. Mas tenho problema se o bastão for dado a um parente de sangue principalmente por causa da ligação familiar natural. Em outras palavras, acho que é um erro se outro filho ou filha leal que é mais qualificado para ganhar o bastão é menosprezado porque não nasceu dentro da família do líder. Quando isso acontece, estamos sucumbindo ao pensamento natural.

Embora a sabedoria popular diga que o sangue fala mais alto, alguma coisa em meu coração quer dizer: "o Espírito fala mais alto!" Isto é, o vínculo que temos na família de Deus através do Espírito, por causa da regeneração, é maior do que os da família natural que compartilha o mesmo sangue. Nossa lealdade dentro da família do Senhor é tão forte que força uma escolha: vamos escolher nossa herança espiritual ou a natural.[1]

A fidelidade no Reino, portanto, deveria ser baseada em princípios mais elevados do que o genético. Ainda que certamente devamos ser fiéis aos nossos familiares, devemos, muito mais, ser fiéis aos nossos irmãos nascidos do Espírito!

A síndrome dos filhos enriquecidos e que se tornam desleais no Reino tem que parar! É hora dos filhos espirituais serem verdadeiros para com seus pais, mesmo quando não são seus filhos biológicos.

---

1 Mateus 10:37

Porém, não foi sempre assim no corpo de Cristo. A deslealdade aumentou. Mas estou profetizando: "Isto está para mudar. Deus está levantando uma geração de filhos e filhas excelentes que serão leais aos seus pais e mães na fé". O Senhor está comprometido a converter os corações dos pais aos filhos e dos filhos aos pais.[2] Ele está levantando uma geração com este tipo de nobreza em seu espírito.

Discernindo Quem São Seus Filhos Verdadeiros

É importante discernir quem são seus filhos verdadeiros. Timóteo era assim para Paulo,[3] mas nem todos os filhos agem assim. Um filho verdadeiro recebe com liberalidade de seu pai espiritual; o que não é verdadeiro tem que ser convencido de que violou um versículo bíblico antes de aceitar a correção. Se o pai não tiver um argumento escriturístico convincente para apoiar seu conselho, o filho não verdadeiro pode dizer algo como: "Agradeço sua perspectiva sobre o assunto, mas não concordo com você".

Um filho verdadeiro é seguro em amor. Ele sabe que o pai o ama, mesmo quando o relacionamento encontra algumas dificuldades. *O filho falso é sempre inseguro, nunca está totalmente convencido de que o pai realmente o ama e tem o melhor em mente.*

É muito importante para ministérios apostólicos que se cerquem de filhos verdadeiros, porque com a intensidade de seu ritmo, não têm tempo para fazer constantes limpezas relacionais que os filhos falsos exigem. Esse tipo de filho requer atenção constante porque a falta de amor faz com que eles interpretem mal os motivos ao longo do caminho.

Um dos maiores erros que um pai pode cometer é passar seu bastão ministerial para um filho não verdadeiro simplesmente porque ele é o mais capaz de todos. Só porque você ama Absalão e acha que os dons dele são convincentes não quer dizer que ele deva ser seu sucessor. Você vai se poupar de uma grande tristeza se der o bastão, em vez disso, para um filho verdadeiro que esteja seguro de seu amor por ele.

Posicionando Os Filhos

Um dos maiores desafios da lealdade é quando o potencial dado por Deus a um filho é maior do que o do pai. Esse cenário desafia os verdadeiros

---

2   Malaquias 4:6
3   1 Timóteo 1:2

motivos do pai. Já que o filho é imaturo e inexperiente, o pai se sente seguro no relacionamento. Mas quando o filho começa a manifestar a bênção de Deus em sua vida, o pai pode vir a um ponto de crise relacional.

Foi isso que aconteceu entre Jacó e Labão. Em princípio, Labão estava seguro por causa de seu papel paternal na pobreza de Jacó. Mas veio o tempo em que o sobrinho começou a se estabelecer em sua própria hombridade e foi abençoado por Deus por seu próprio direito. Enquanto Labão florescia, Jacó permanecia pequeno, e o primeiro estava acomodado no relacionamento. Mas quando Jacó começou a prosperar e Labão a diminuir, o tio foi confrontado em sua insegurança. Ou ele poderia estar sob as asas de seu sobrinho-genro e ser leal a ele como um homem a quem Deus escolheu abençoar, ou se endurecer em orgulho, ver Jacó com suspeita e perder a chance de participar nas bênçãos que o Senhor derramava sobre ele. Labão, infelizmente, nunca foi um verdadeiro pai espiritual para Jacó, então foi incapaz de fazer a transição.

O verdadeiro pai espiritual se regozija quando seu filho é impulsionado a maiores façanhas do que o pai jamais conheceu. De fato, esse é o primeiro objetivo dos pais verdadeiros — que seu pináculo se torne a plataforma do filho. Como disse uma vez Dennis Kinlaw a meu amigo Jeff James: "Estou fazendo isso, não para que você possa andar comigo, mas para que possa ficar sobre meus ombros".

Um pai espiritual na Bíblia que exemplificou esse princípio de forma eficaz foi Elias, que passou a Eliseu a porção dobrada de seu espírito. Venha comigo, à medida que chegamos à conclusão deste livro, olhar para a paternidade ungida de Elias, e suas implicações para nós atualmente.

Para discussão em grupo:

1. De que formas você espera enriquecer seus filhos verdadeiros na fé?
2. Você acha que é certo os líderes cristãos darem a seus filhos naturais a preferência para assumir seu bastão espiritual?
3. Quais são as questões sensíveis que devem ser superadas no relacionamento pai/filho quando a medida do filho ultrapassa a do seu pai?

Capítulo 25

O Espírito de Elias

Deus enviou João Batista "no espírito e virtude de Elias"[1], porque seria necessária uma unção deste calibre para preparar as pessoas para a primeira vinda de Cristo. De forma semelhante, o Senhor irá levantar um novo Elias nos últimos dias para preparar a terra para a volta de Jesus. Ainda que haja um Elias específico por vir[2], seu espírito irá contagiar toda uma geração, produzindo uma igreja dos últimos tempos com uma unção e chamado como o seu. Foi assim que Malaquias o previu:

"Eis que eu vos envio o profeta Elias, antes que venha o grande e terrível dia do Senhor; e ele converterá o coração dos pais aos filhos, e o coração dos filhos, aos pais; para que eu não venha e fira a terra com maldição" (Malaquias 4:5-6).

Seu ministério será duplo: converter o coração dos pais aos filhos e o dos filhos aos pais.

Pais Convertidos Aos Filhos

O primeiro chamado de Elias será para converter o coração dos pais de seu foco de autoenriquecimento para o investimento em seus filhos. Em outras palavras, os pais irão se converter de buscar suas próprias aspirações e sonhos para antecipar os destinos de seus filhos.

---

1 Lucas 1:17
2 Mateus 17:11

Como declarei anteriormente, é importante que o pai tenha seus anos de enriquecimento pessoal para que tenha algo para passar à próxima geração. Quando falo de autoenriquecimento quero dizer a busca e o acúmulo de muitas coisas como riquezas, bens naturais, prédios, terras, muitos filhos, a fundação de uma empresa particular, uma clientela, educação, influência, ligações, sabedoria, compreensão, entendimento, um relacionamento efetivo com Deus, uma plataforma ministerial, e a lista continua. *Mas, então chega o tempo em que o pai usará tudo o que ganhou para projetar seu filho em direção à sua herança.*

Os corações dos pais precisam se converter aos filhos em amor antes do coração dos filhos se converterem a eles em lealdade. Começa com os pais por uma razão simples: *a lealdade é uma resposta. Os filhos não dão início à fidelidade aos pais; eles respondem com fidelidade quando seus pais demonstram carinho, cuidado, e amor abnegado.*

Gostaria de usar a história de Jim, um amigo meu e proprietário de uma pequena empresa na Flórida, para ilustrar essa dinâmica. Um dia ele recebeu um telefonema de uma amiga, mãe solteira, que conhecia há muitos anos, que precisava ficar em casa devido a uma deficiência física e que vivia a 2500 quilômetros de sua empresa. Ela acabara de perder seu emprego como telefonista despachante e lhe perguntava se tinha uma vaga disponível para a qual ela pudesse se inscrever. Ele lhe disse que não, já que não possuía nenhum emprego para alguém que morasse do outro lado do país. Todavia seu coração foi movido de compaixão, e não conseguia parar de pensar em como poderia ajudá-la. Enquanto remoia esses pensamentos, considerou como seu Call Center para atendimento ao consumidor funcionava em um escritório, e lhe ocorreu que se reescrevesse os procedimentos, poderia ser possível a qualquer pessoa com acesso à internet receber e tratar com os clientes. Foram necessárias duas semanas para que escrevesse um novo programa de computador, e então conseguiu contratá-la para que trabalhasse de casa mesmo a tanta distância. Obviamente, ele tomou essas medidas não pensando no melhor para a empresa, mas para sua amiga desempregada. Não é preciso dizer que essa mulher se tornou uma das melhores e mais leais empregadas do Jim.

Sua bondade para com ela também teve um efeito inesperado em seu negócio. Por muitos anos depois, enquanto a empresa crescia, todos os trabalhadores comentavam sobre sua bondade para com essa mãe solteira. Como consequência, Jim muitas vezes se viu pego de surpresa pela forma como seus funcionários se voluntariavam para várias tarefas e percorriam uma milha a mais a fim de que o trabalho fosse completado. Ele não planejou que fosse assim, porém sua gentileza produziu não só a lealdade da mulher a quem ajudara, mas também a de muitos outros funcionários de sua empresa. Sem dúvida, o nível de lealdade dos trabalhadores foi um fator que contribuiu para o crescimento exponencial do negócio nos anos seguintes.

Sua experiência demonstra como a fidelidade será retribuída pelos filhos a seus pais, quando estes se despojarem em favor do investimento em um filho.

Filhos Convertidos Aos Pais

O segundo elemento no ministério de Elias será converter os corações dos filhos aos pais. A lealdade é a resposta que os filhos dão aos pais que abriram mão de suas vidas para ajudar a lançá-los em direção ao seu destino de vida.

A fidelidade é uma via de mão dupla. Quando os pais estendem a mão em compaixão a seus filhos, eles inspiram lealdade em seus corações. *Quando o compromisso do pai é lutar pelo destino de seu filho, este pai será rodeado de filhos verdadeiros.*

Deus está mudando nossa compreensão de paternidade espiritual nesta geração. Os modelos passados diziam: "Prove que você é leal, então investiremos em você". Assim é que tipicamente funciona a lealdade institucional. "Se você provar sua lealdade ao sistema, e 'ganhar suas estrelas' abrindo seu caminho para cima como fizemos quando tínhamos sua idade, então o honraremos com uma promoção." O Senhor está mudando este modelo. *Está mexendo com os pais enriquecidos para que invistam em seus filhos mesmo antes de eles demonstrarem a habilidade de desempenharem. Isso irá acelerar o crescimento dos filhos e os lançará a esferas de conquista que seus pais não conheceram.*

Os pais têm a chave do relacionamento. Se mantiverem o antigo paradigma — "Se você foi fiel e leal, e não estragar tudo, quando tiver 35 anos eu vou deixá-lo pregar" — eles perderão a estratégia que o Espírito está dando neste momento para a reprodução de filhos. *Os pais precisam convidá-los para lugares mais altos.* Seria presunção um filho se admitir a um lugar mais elevado.[3] Absalão não queria esperar, mas filhos com espírito leal esperarão para que os pais os convidem a subir. Os pais estão se convertendo aos filhos em uma idade ainda menor do que na geração passada. Deus está acelerando o processo preparatório nos atuais jovens Josés. Como jamais antes, os pais estão prestando atenção ao chamado para converter seus corações aos líderes jovens com grande potencial, mas com pouca experiência.

---
3 Lucas 14:10

O que o ministério precursor de Elias produz é: pais e mães ricos com um coração para investir nos filhos; e filhos que são leais a seus pais e mães espirituais. Estas são as dinâmicas que devem acontecer no corpo de Cristo para que a maior colheita nos últimos tempos seja reunida. Será uma repetição do que ocorreu nos dias de João Batista.

Seu ministério converteu "o coração dos pais aos filhos e o coração dos filhos aos pais". Era importante que um espírito de lealdade fosse restaurado aos corações da geração que vivia naquele tempo para que o ministério de Cristo encontrasse seu pleno impacto entre os homens e as mulheres. O mesmo deve ocorrer de novo nos fins dos tempos, que Cristo possa voltar à igreja que está totalmente preparada para andar em pleno amor.

João Batista investiu em um grupo de filhos jovens (discípulos), alguns dos quais se tornaram discípulos de Jesus. João tinha mais ou menos 30 anos, então a maioria de seus discípulos provavelmente era mais nova que ele. Ele cultivava uma atmosfera espiritual na qual os filhos do Reino estavam equilibrados e prontos para abraçar o grande pai espiritual — o Messias.

Até o mundo escolhe seus filhos ainda jovens. Disseram-me que o mais avançado complexo de tecnologia no mundo atualmente tem no seu quadro de trabalhadores pessoas cuja média de idade é de 19 anos. Estou me referindo aos porta-aviões americanos. Os militares estão confiando nossa tecnologia mais sofisticada aos jovens de 19 anos. Muitos na igreja não vão olhar duas vezes para qualquer ministro com menos de 30. É hora de a igreja entender isso. Deus está mudando nossos modelos ministeriais e o faz convertendo o coração dos pais aos filhos.

Precisa existir a consolidação de pais espirituais na terra, juntamente com a lealdade dos filhos verdadeiros para que o Reino atinja sua plenitude. Quando os pais estão consolidados e honrados, criando filhos verdadeiros na fé, o Reino é poupado do tipo de engano que traz confusão sobre seu progresso.

Não há como substituir o toque de um pai espiritual. E se algum dia precisamos de filhos verdadeiros na fé, é agora!

Malaquias 4:6 continua dizendo: "para que eu não venha e fira a terra com maldição". O aviso implícito aqui é: Se a lealdade não estiver fluindo em abundância no corpo de Cristo nos últimos dias, o Senhor virá e ferirá a terra com maldição. A infidelidade carrega sua maldição inerente. A geração que incorre neste problema não terá o privilégio de saudar a volta de Cristo.

Mas há uma geração se levantando que irá fazê-lo!

Paternidade Mão Aberta

Depois de ensinar sobre o tópico da lealdade em uma determinada conferência, fui abordado por um adolescente que queria falar comigo sobre a mensagem. Ele expressou um forte desejo de agradar o pai, e disse que este constantemente lhe dizia que ele seria abençoado se fosse submisso à sua autoridade. O rapaz queria desesperadamente se submeter ao pai porque queria aquela bênção, mas expressou o quanto às vezes era difícil honrar a forma como o pai lidava com ele.

Por exemplo, ele tinha acabado de fazer algo naquele dia que esperava que recebesse um elogio do pai. Em vez disso, o pai repreendeu. Assim, meu amigo adolescente estava chorando enquanto me contava suas frustrações.

Perguntei-lhe: "Você já disse a seu pai o quanto isso o machuca?" Ele tinha medo de que se o fizesse, seria acusado de ser rebelde. Não tinha certeza de tentar uma abertura com o pai por receio de ser mal entendido, julgado e exposto por ter tido uma atitude errada.

Acho que consegui ajudá-lo um pouco a se relacionar com seu pai, mas o fato é que o pai tem a chave do relacionamento. Não disse isso ao menino, mas eu pensei: "Este pai está reduzindo seu filho à submissão através da intimidação. Se mantiver esta técnica de paternidade de mão pesada, vai chegar o dia em que seu filho irá se separar dele emocionalmente e discretamente procurar outro pai a quem ser leal". Sei que este pai era muito sincero e ansioso por educar seu filho da forma correta, mas suas inseguranças estavam roubando-lhe a liberdade de se relacionar com os filhos com as mãos abertas. *Um domínio muito rígido dos pais raramente irá chegar ao fim desejado; uma mão aberta que convida à comunicação e a interação aberta tem um potencial muito maior de facilitação de uma lealdade para a vida toda.*

Isto me lembra de algo que o Senhor me ensinou em um dos meus relacionamentos. Eu estava tentando mentorear outro irmão e não conseguia descobrir porque ele estava resistindo aos meus esforços. Então Deus me mostrou: "Você está com medo de deixá-lo falhar". Em meu orgulho, estava determinado de que este filho nunca iria naufragar. Meus votos internos eram: "Nenhum discípulo meu irá cair neste tipo de pecado!" O domínio excessivo que estava usando, no entanto, não estava conquistando seu coração. Percebi que se até Jesus teve que permitir que Judas e Pedro errassem, eu precisava dar a meus filhos espaço para falharem. *Pais espirituais investem nos filhos sem controlar seu destino.*

O Cenário Espiritual dos Últimos Tempos

Uma das acusações que normalmente há contra os pais espirituais por parte dos filhos desleais é de "autoritarismo" na comunidade. Esses filhos se irritam com o grau de influência e autoridade que os pais detêm no meio da assembleia, e sempre procurarão formas de desacreditar sua autoridade — até mesmo com argumentos bíblicos. O pai a conquistou através do relacionamento com os outros, da integridade comprovada, de talentos autênticos, mas os filhos infiéis vão procurar descreditar sua autoridade porque ela não lhe permite alçar para estabelecer um lugar de influência para si mesmo. O filho não verdadeiro percebe que enquanto o pai espiritual estiver em sua posição, as coisas não irão mudar da forma como ele (o filho) acha que deveriam. Convencido da genuinidade de suas razões e da urgente necessidade das mudanças que ele visa, esse filho (assim como Absalão fez quando estava sob Davi) irá buscar conquistar os corações dos outros para si mesmo.

Os pais espirituais não possuem seu lugar de influência na comunidade por causa de um título, ou de uma indicação, ou por voto. Sua autoridade não é baseada no ofício ou no título, mas em seus relacionamentos e por sua medida. Mesmo que ele possa ter um ofício ou título como pastor, ou bispo, ou presidente, diretor executivo, ou superintendente, sua autoridade vai além dos limites de seu cargo. Ela não deriva de ter sido indicado mas da graça e da unção que receberam do alto, e da influência relacional que foi construída ao longo do tempo.

As Escrituras dão instruções sobre o papel dos presbíteros, mas um pai espiritual subiu a um lugar de autoridade que está além deste grupo. Isso porque um presbítero é indicado para um ofício, enquanto que o pai é adotado voluntariamente em amor. Por exemplo, Elias era o pai de Eliseu[4] e como tal possuía uma autoridade que excedia a dos anciãos da terra. Eliseu, por sua vez, se tornou pai por seu próprio direito,[5] e como resultado possuía uma autoridade que até mesmo o rei não tinha. Era essa dimensão de paternidade que Malaquias profetizava que deveria voltar a nós antes de Cristo retornar à Terra.

O filho não verdadeiro irá acusar o pai espiritual de exercer um papel que vai além das instruções bíblicas dadas aos presbíteros; o que ele talvez não entenda é que a autoridade de um pai espiritual não tem limitações bíblicas claras. A *função do pai é regulamentada, não por versículos bíblicos, mas pelo*

---

4 2 Reis 2:12
5 2 Reis 13:14

relacionamento. Ele tem autoridade até ao ponto em que a família reconhece e honra sua liderança. *Um pai não é eleito pelo homem, mas é criado por Deus através do Seu processo de refinamento e então adotado pelos filhos e filhas.*

Não há versículos que especifiquem que Paulo tinha autoridade para enviar Timóteo a tal cidade e Tito tal região. Sua autoridade em suas vidas não era baseada em direcionamentos bíblicos, mas antes no relacionamento que tinha com eles. Como filhos verdadeiros, Timóteo e Tito amavam e confiavam no apóstolo e buscavam ativamente seu insumo sobre a vida deles. Era seu relacionamento que facilitava o avanço do evangelho.

A necessidade real dos dias atuais não é por membros de diretoria da igreja. Não há nada de errado com pessoas que possuem um cargo na igreja, mas já temos bastante deles. O que precisamos é de pais — verdadeiros pais e mães espirituais que sejam honrados pela geração atual por causa de sua maturidade, espírito de servo e integridade.

Filhos não verdadeiros querem tirar os pais espirituais para que as estruturas de autoridade sejam igualmente disponibilizadas a um grupo de amigos, dando assim igual oportunidade para crescimento. Quando um pai tem uma autoridade especial sobre um grupo de príncipes, o falso filho se irrita concluindo que ele nunca conseguirá progredir como gostaria enquanto o pai estiver em seu lugar. Assim, irá fazer pressão para que um sistema no qual uma pessoa sozinha, como um pai espiritual, não tenha a palavra final. O pai, por sua vez, irá hesitar em promover este filho até que veja nele o tipo de transformação de caráter que seria necessária para suportar a grande responsabilidade.

O profeta Malaquias não falou da restauração das estruturas de autoridade do colegiado onde uma pluralidade de príncipes tem voz. Esse tipo de estruturas são inerentemente autolimitadas e não nos farão avançar em direção à liberação de poder e glória que a colheita dos últimos dias exige. O que o profeta predisse é o elemento que é essencial para o derramamento da unção do fim dos tempos. Ele previu um cenário espiritual onde pais e mães espirituais se levantariam e assumiriam seu lugar de direito na família de Deus, investindo sua energia em criar filhos e filhas santos, e onde estes recebam dos pais e mães com um espírito aberto que reflete honra, submissão, confiança e obediência (componentes da lealdade). O potencial de tal atmosfera espiritual é tão poderosamente explosivo que todo o inferno empenha seus esforços para impedir seu cumprimento.

Para discussão em grupo:

1. Quais implicações de Malaquias 4:5-6 são mais importantes para você, pessoalmente?
2. Toda a responsabilidade pela lealdade está sobre o pai/mãe?
3. De que maneira você percebe que Deus está mudando sua compreensão dos modelos de paternidade espiritual nesses dias?
4. Você concorda com a premissa do autor de que a autoridade do pai espiritual não é determinada pelos versículos bíblicos, mas pelo relacionamento?
5. Defina e descreva a estrutura de autoridade de sua equipe. Quem são os pais entre vocês?

Capítulo 26

A Lealdade e os Últimos Dias

Anotem o que digo, *a fidelidade é uma qualidade de caráter que irá receber uma ênfase cada vez maior nos últimos tempos*. E esta ênfase será uma necessidade absoluta por causa da profusão de deslealdade que irá manchar o cenário final. Paulo predisse que isso iria acontecer há muito tempo, e com certeza — vemos seu início já contaminando a igreja de nossos dias.

"Sabe, porém, isto: que nos últimos dias virão tempos trabalhosos; porque haverá homens amantes de si mesmos, avarentos, presunçosos, soberbos, blasfemos, desobedientes a pais e mães, ingratos, profanos, sem afeto natural, irreconciliáveis, caluniadores, incontinentes, cruéis, sem amor para com os bons, traidores, obstinados, orgulhosos, mais amigos dos deleites do que amigos de Deus" (2 Timóteo 3:1-4).

Perceba o que está no topo da lista dos perigos dos últimos dias: "haverá homens amantes de si mesmos". Esse tipo de homem é leal somente a si mesmo, o que quer dizer que não serão fiéis a Deus ou a Davi. Em outras palavras, a lista de Paulo começa com deslealdade. *De todos os sinais característicos do fim dos tempos, a deslealdade é o número um*. O amor próprio já está profundamente arraigado em nossa cultura, e a coisa só vai piorar.

Além disso, o apóstolo menciona os "caluniadores". Aqueles que caluniam um irmão ou irmã estão violando todas as salvaguardas da lealdade. E depois menciona os "traidores" — aqueles que irão trair os outros em troca de vantagem pessoal. Assim, nesta breve lista dos males dos dias do fim, três das qualidades apresentadas apontam diretamente para o espírito de deslealdade que irá ser abundante na terra.

O antigo sábio falou do dia mal desta forma: "Há uma geração que amaldiçoa seu pai e que não bendiz sua mãe" (Provérbios 30:11). A plena expressão desta infidelidade a mães e pais irá encontrar seu ápice na geração na qual o Senhor voltará.

Jesus descreveu essa geração de forma semelhante: "O irmão entregará à morte o irmão, e o pai, o filho, e os filhos se levantarão contra os pais e os matarão" (Mateus 10:21). O Mestre advertiu que a infidelidade iria somente crescer — tanto no mundo quanto na igreja.

Agora vamos às boas-novas! Enquanto a perversidade irrompe nos últimos tempos, também haverá uma erupção de santidade e glória em resposta à maré de maldade. "Vindo o inimigo como uma corrente de águas, o Espírito do Senhor arvorará a bandeira contra ele" (Isaías 59:19). O padrão divino será um mover soberano do Espírito que irá animar a Noiva em fidelidade — antes de tudo, em um contemplar de seu único Noivo e depois, em aliança de amor para com os Davis que Deus deu para guiá-la em sabedoria e justiça.[1] No fim dos tempos haverá uma Noiva gloriosamente fiel que estará preparada para a volta de Cristo.

Como o Senhor irá converter essa última geração? A resposta é dada claramente pelo profeta Malaquias. Vai ser necessário uma unção como a de Elias para virar a maré e Deus mesmo a trará. O Senhor irá enviar um Elias com um mandamento claro de converter os corações das gerações em lealdade umas às outras.

"Eis que eu vos envio o profeta Elias, antes que venha o grande e terrível dia do Senhor; e ele converterá o coração dos pais aos filhos, e o coração dos filhos, aos pais; para que eu não venha e fira a terra com maldição" (Malaquias 4:5-6).

O ministério de Elias era caracterizado por um grande investimento na geração mais nova e na habilidade de converter seus corações aos pais. Esta dinâmica é vista de forma mais marcante em seu relacionamento com seu jovem protegido, Eliseu.

Elias e Eliseu

Por causa do investimento extraordinário de Elias, Eliseu tinha-lhe uma fidelidade incomum. Demonstrava uma lealdade que era tão tocante que ainda fala hoje. Elias tinha uma unção excepcional sobre sua vida e tinha

---

[1] Ezequiel 34:23; Oseias 3:5; Zacarias 12:8.

26. A Lealdade e os Últimos Dias

a intenção de repartir essa bênção com o filho espiritual que ficasse ao seu lado em aliança de amor. Houve um servo anterior que estava na fila para essa bênção, mas ele não a recebeu. Em vez disso, foi Eliseu quem a ganhou. Deixe-me explicar.

Elias tinha um servo (que não tem o nome citado na Bíblia) que o servia e esperava por ele. Se ele tivesse permanecido fiel, sem dúvida teria herdado o legado espiritual do profeta. Mas teve uma vez em que o servo cometeu um erro crítico.

Quando Elias estava fugindo de Jezabel em um momento de fragilidade e medo, ele decidiu andar todos os 320 quilômetros através do deserto do Monte Horebe, até a montanha de Deus (este era o Monte Sinai, e provavelmente representava para o profeta um lugar para se encontrar com o Senhor). O servo foi com ele até Berseba — à margem do deserto — mas então o profeta o mandou que ficasse lá. Não é dito por que ele ficou para trás, mas somente que Elias "deixou ali o seu moço"[2]. Talvez o profeta não lhe quisesse impor o rigor de sua jornada, assim teve que insistir para que ficasse nesse último ponto da civilização. Ainda que seja verdade que o moço fora obediente em ficar para trás, também é provavelmente verdadeiro que ele estava procurando se preservar em sua zona de conforto. O deserto tinha um prognóstico terrível e depois de alguma persuasão por parte de Elias parece que ficou convencido de se abster da árdua viagem.

O que o profeta realmente precisava nesta altura de sua vida, no entanto, era um servo que dissesse: "Nunca o deixarei. Não me importo com o quanto seja difícil o caminho à sua frente, vou com você. Você precisa de companhia agora mais que nunca. Não importa o que você diga, estou com você até o fim". Se alguma vez em sua vida, Elias precisou que alguém andasse com ele, foi essa! Mas em vez disso o rapaz olhou o sombrio deserto e deixou que o profeta o tirasse desse caminho. Como consequência nunca mais se ouviu deste servo.

Eliseu deve ter aprendido com este incidente, porque quando se tornou o servo de Elias propôs em seu coração nunca sair do lado dele. Aqui está a história que melhor demonstra esse fato:

Havendo o Senhor de elevar Elias ao céu num redemoinho, Elias partiu de Gilgal com Eliseu. Disse Elias a Eliseu: Fica aqui, porque o Senhor me enviou a Betel. Porém, Eliseu disse: Vive o Senhor, e vive a tua alma, que não te deixarei. Assim, ambos foram a Betel. Então os filhos dos profetas que estavam

---

2   1 Reis 19:3-4

em Betel saíram ao encontro de Eliseu e lhe disseram: Sabes que o Senhor hoje tomará o teu senhor sobre a tua cabeça? Ele respondeu: Também eu o sei; calai-vos. Elias lhe disse: Eliseu, fica aqui, porque o Senhor me enviou a Jericó. Porém, ele respondeu: Vive o Senhor, e vive a tua alma, que não te deixarei. Assim, ambos foram a Jericó. Então os filhos dos profetas que estavam em Jericó chegaram a Eliseu e lhe disseram: Sabes que o Senhor hoje tomará o teu senhor sobre a tua cabeça? Ele disse: Também eu o sei; calai-vos. Elias lhe disse: Fica aqui, porque o Senhor me enviou ao Jordão. Mas ele respondeu: Vive o Senhor, e vive a tua alma, que não te deixarei. Assim, ambos foram juntos. Foram cinquenta filhos dos profetas e pararam a certa distância deles; e eles dois pararam junto ao Jordão. Então Elias tomou a sua capa, a dobrou e feriu as águas, as quais se dividiram para as duas bandas; e passaram ambos em seco. Depois que haviam passado, Elias disse a Eliseu: Pede-me o que queres que te faça, antes que eu seja tomado de ti. Disse Eliseu: Peço-te que haja porção dobrada de teu espírito sobre mim. Elias respondeu: Dura coisa pediste. Se me vires quando for tomado de ti, assim se te fará; porém, se não me vires, não se fará. Indo eles andando e falando, eis que um carro de fogo, com cavalos de fogo, os separou um do outro, e Elias subiu ao céu num redemoinho. Vendo isso, Eliseu clamou: Meu pai, meu pai, carros de Israel, e seus cavaleiros! E nunca mais o viu. E, pegando em suas vestes, as rasgou em duas partes. Também tomou a capa de Elias, que lhe caíra, e, voltando, parou à borda do Jordão. Tomou a capa de Elias, que lhe caíra, feriu as águas e disse: Onde está o Senhor, Deus de Elias? Quando feriu as águas, elas se dividiram para uma e outra banda, e Eliseu passou. Quando os filhos dos profetas que estavam defronte, em Jericó, viram isso, disseram: O espírito de Elias repousa sobre Eliseu. Então se aproximaram e prostraram-se diante dele em terra (2 Reis 2:1-15).

Como Elias converteu o coração dos filhos aos pais? Sua metodologia não é descrita, mas isso é claro: ele se entregou a seu filho, Eliseu, de uma forma que moveu o rapaz a dar seu em troca seu coração a seu pai. A afeição mútua no relacionamento era incrivelmente intensa. *Eliseu permaneceu verdadeiro para com Elias porque ele entendeu um princípio espiritual poderoso: Ele iria receber sua herança espiritual somente se fosse fiel a seu pai.* E não há dúvida de que desejava ardentemente receber essa herança plenamente. Queria o mesmo espírito que seu pai tivera — e mais — e sabia que a única forma de recebê-lo era vindo do céu. Eliseu cria que se honrasse seu pai, o céu o honraria. Ficou grudado ao lado de Elias, pois cria que Deus honrava a lealdade.

O que estava dizendo basicamente era: "Sou leal a ti, Elias, porque o que quero, tu não podes me dar. Só Deus pode dá-lo a mim. Mas sei que os Seus olhos estão procurando por toda a terra, buscando a lealdade. Enquanto sirvo o homem de Deus, creio que estou tocando o coração do Senhor e Ele irá conceder o desejo do meu coração".

A fidelidade sabe que as coisas mais preciosas da vida não podem ser tomadas; só podem ser recebidas.

Por causa de sua fidelidade em amor, Eliseu pediu — e recebeu — a herança do primogênito. Foi-lhe dada a porção dobrada do Espírito (uma porção dobrada era o direito de nascimento do filho primogênito nos tempos bíblicos). Uma evidência dessa unção sobre Eliseu foi o fato de ele realizar duas vezes mais milagres do que Elias. Recebeu bênção dobrada porque manteve os olhos em seu pai espiritual.

O espírito de Eliseu está sendo derramado na terra novamente hoje. Deus está levantando os precursores que estão preparando esta geração para a volta de Cristo. Através de seu ministério, Deus está conquistando essa geração de filhos e filhas cujos olhos estão fitos em seus pais e mães espirituais. Seus corações estão unidos em lealdade e no tempo certo irão receber a unção e autoridade espiritual que será necessária para preparar a Noiva perfeita dos últimos dias para o retorno do Rei. Uma porção dobrada de unção será liberada.

Deixe a lealdade correr como um rio poderoso! Que a graça flua do trono nos concedendo uma geração de Eliseus que irão enriquecer seus filhos e filhas, e uma geração de filhos e filhas com um espírito fiel que não irão só impedir a maldição, mas irão conduzir o maior mover do Espírito que o mundo já viu.

Senhor, comece *conosco*!

Para discussão em grupo:

1. Olhe como Elias alistou Eliseu como seu servo em 1 Reis 19:19-21. Como os pais podem reunir filhos para si? Qual é sua experiência neste quesito?

2. Discuta a ligação entre Eliseu recebendo sua herança e sua recusa em sair do lado de seu pai. Como isso se aplica a nós?

3. Leiam 1 Crônicas 11:19 juntos. Esta é uma das maiores demonstrações bíblicas de lealdade. Como Davi pegou o simples ato de lealdade pessoal deles e o elevou a um nível espiritual? Como ele reconheceu que sua obra de amor era na verdade uma expressão de louvor a Deus? Davi elevou sua ação de heroica a épica. Como os Davis dos dias atuais podem honrar o serviço dos membros de sua equipe de forma semelhante? Como a fidelidade dos poderosos de Davi nos desafia em nossa equipe?

4. Por causa da fidelidade foi dada a Eliseu uma porção dobrada do espírito de Elias. Que ligação você vê entre os corações dos filhos e dos pais sendo unidos em lealdade, e a liberação do poder e autoridade apostólicos na igreja do fim dos tempos?

5. Qual foi a coisa mais importante que você adquiriu através deste estudo conjunto?

Apêndice

A História de Davi e Absalão

Aqui está um breve relato da tentativa de Absalão em tomar o trono de seu pai à força, como um lembrete (a versão completa está em 2 Samuel 13-19).

Davi foi ungido e designado por Deus como rei de Israel e então o Senhor o abençoou grandemente com muitas vitórias militares. No entanto, o rei caiu em pecado. Engravidou a mulher de outro homem, matou-o e então se casou com sua esposa (Bate-Seba) a fim de acobertar a gravidez ilegítima. Embora tenha se arrependido profundamente diante do Senhor e tenha sido perdoado, ele sofreu algumas consequências sérias por seu fracasso.

Tudo começou a dar errado quando seu primogênito, Amnon, se apaixonou por uma de suas meio-irmãs chamada Tamar. Acabou estuprando-a e descartando-a.

Tamar era irmã de Absalão, o terceiro filho de Davi (2 Samuel 3:3). Ele decidiu vingá-la. Pediu ao pai permissão para ir à outra cidade e organizar um banquete. Convidou Amnon, seu irmão mais velho, para participar da festa. Quando este acabou de comer e estava feliz, Absalão deu o sinal a seus servos e estes o mataram.

Absalão fugiu, então, de seu pai e foi para uma terra estrangeira para ficar com o rei de Gesur, que era o pai de sua mãe (o que fazia dele seu avô materno).

Depois de ficar escondido por três anos, Joabe, o comandante dos exércitos de Davi, percebeu que o rei estava preocupado com o filho. Então encontrou uma forma criativa de pedir a ele se poderia trazê-lo de volta a Jerusalém. Davi consentiu, mas disse que Absalão deveria ficar em sua própria casa e que não devia ver a face do rei (isso era parte de sua ação disciplinar por causa do crime cometido).

Depois que Absalão já havia vivido por dois anos na cidade sem ver a seu pai, disse a Joabe: "Eu estaria melhor se tivesse ficado em Gesur. Olha, ou você me deixa ver a face do meu pai, ou deixe que ele me execute. Mas não posso ficar trancado em minha casa para sempre. Algo precisa mudar" (2 Samuel 14:32, parafraseado).

Assim o comandante o trouxe diante de Davi, restaurando seu direito de ficar perante o rei. Isso significava que Absalão agora tinha a liberdade de viajar quanto quisesse. Foi nessa época que concebeu o plano de derrubar seu pai e assumir seu trono.

Aqui está o que ele fez:

Depois disto, Absalão fez aparelhar carros e cavalos e cinquenta homens que corressem adiante dele. Também Absalão se levantava pela manhã e parava a uma banda do caminho da porta; e chamava a si todo homem que tinha alguma demanda para vir ao rei a juízo, dizendo-lhe: De que cidade és? Ele respondia: De uma das tribos de Israel é o teu servo. Então Absalão lhe dizia: Olha, teus negócios são bons e retos, porém não tens quem te ouça da parte do rei. Dizia mais Absalão: Ah! Quem me dera ser juiz na terra, para que viesse a mim todo homem que tivesse demanda ou questão, para que lhe fizesse justiça! Também, quando alguém se chegava para inclinar-se diante dele, ele estendia a mão, pegava nele e o beijava. Assim procedia Absalão com todo o israelita que vinha ao rei para juízo, furtando, desse modo, o coração dos homens de Israel (2 Samuel 15:1-6).

Os homens de Israel sabiam que um dos filhos de Davi iria sucedê-lo no trono e perceberam que sua escolha era por Salomão, mas como Absalão se tornou estimado por eles, eles começaram a sentir que ele poderia ser o melhor filho a assumir o reino.

Assim Absalão armou sua jogada. Pegou um grupo de homens de Hebrom sob o pretexto do cumprimento de um voto e enquanto reunia todos os seus apoiadores ao seu redor foi anunciado: "Absalão reina em Hebrom!", Aitofel, conselheiro de Davi, uniu forças com o rapaz.

Quando Davi ouviu esta notícia, imediatamente reuniu sua família e seus servos e saiu de Jerusalém, partindo com pressa para que não fosse apanhado e morto por seu filho. Deixou somente dez concubinas para cuidar da casa.

Um contingente de seus leais partidários partiu com ele, incluindo 600 guerreiros que o seguiam desde Gate. Zadoque e Abiatar, os sacerdotes, encontraram Davi com a arca da aliança a reboque. Mas o rei os instruiu a voltar a Jerusalém e o manter informado dos desenvolvimentos após a chegada de Absalão.

Husai, um amigo leal de Davi, também o encontrou, mas o rei também lhe disse que voltasse a Jerusalém. Instruiu-o a fingir lealdade a Absalão com a esperança de que talvez pudesse subverter o conselho de Aitofel.

Enquanto o rei estava a caminho, um dos membros do clã de Saul, chamado Simei veio, cercou-o e o amaldiçoava atirando pedras nele e nos seus servos. Davi o deixou agir livremente, esperando que o Senhor transformasse a maldição em bênção.

Quando Absalão entrou em Jerusalém, Aitofel o aconselhou a ter relações sexuais com as dez concubinas de Davi que tinham ficado na casa. Foi assim que disse: "Entra às concubinas de teu pai, que ele deixou para cuidarem da casa. Assim, todo o Israel ouvirá que te fizeste aborrecível para com o teu pai, e se fortalecerão as mãos de todos os que estão contigo" (2 Samuel 16:21).

Absalão consultou a seus conselheiros sobre como eliminar seu pai. O conselho de Aitofel era que se movesse rapidamente com 12.000 homens, atingissem Davi enquanto ele estava enfraquecido e cansado, que matasse somente ao rei e então o coração de todas as pessoas em Israel iria naturalmente apoiá-lo.

Absalão, então, pediu conselho a Husai. Este lhe disse: "O conselho que Aitofel lhe deu não é bom agora". Sua intenção era apresentar um plano que daria tempo a Davi para que reunisse suas forças e se preparasse para a batalha. Assim, disse a Absalão que reunisse todas as forças de Israel, que ele mesmo os liderasse e sobrepujasse Davi e seus homens por seu número absoluto. Deus colocou no coração de Absalão e de seus homens que seguissem o conselho de Husai.

Quando Aitofel viu que seu conselho não fora seguido, foi para casa, colocou-a em ordem e se enforcou. Neste intervalo Husai enviou uma mensagem a Davi sobre a batalha para que ele pudesse se preparar.

Davi organizou suas tropas e apresentou-lhes o plano de guerra. No entanto, as pessoas não permitiram que ele fosse guerrear, pois diziam: "Você vale por dez mil de nós". Sabiam que o rei seria o alvo principal.

Davi instruiu Joabe, Abisai e Itai, seus três principais capitães falando-lhes à frente de todo o povo: "Tratem com brandura, por amor de mim, o jovem Absalão".

Quando a batalha finalmente começou, houve uma grande matança entre os servos de Absalão. Deus fez com que a terra lutasse por Davi, de forma que mais homens de Absalão foram devorados pela floresta do que pela espada.

Finalmente o próprio Absalão se encontrou com os servos de Davi. Estava montando uma mula e procurou escapar, o animal foi para baixo dos galhos grossos de uma árvore de terebinto. Seu cabelo ficou preso em um deles, deixando-o suspenso no ar, pendurado pelos cabelos.

Honrando a ordem de Davi, os servos o deixaram pendendo e relataram seu estado a Joabe. Este imediatamente se levantou, foi até o local e o matou. E então fez que soasse o cessar da batalha.

Quando o rei ouviu sobre a morte do filho, entrou em pranto profundo, dizendo: "Meu filho Absalão, meu filho, meu filho Absalão! Antes tivesse eu morrido em seu lugar, Absalão, meu filho, meu filho!"

No final, Davi voltou a Jerusalém e o reino lhe foi restaurado. Anos mais tarde, outro filho tentou algo parecido — seu nome era Adonias. Porém, seu golpe foi rapidamente disperso, com o estabelecimento de Salomão como rei.

Mesmo que Adonias tenha tentado sua própria insurreição, foi Absalão que armou a maior ameaça ao governo de Davi, e que veio a representar o melhor exemplo bíblico de infidelidade. Era amado, disciplinado e preferido por seu pai — e mesmo assim tentou matá-lo e tomar o trono a força.

Gostou?

Você foi abençoado por este livro? A leitura desta profunda obra foi uma experiência rica e impactante em sua vida espiritual?

O fundador da Editora Atos, que publicou este exemplar que você tem nas mãos, o Pastor Gary Haynes, também fundou um ministério chamado *Movimento dos Discípulos*. Esse ministério existe com a visão de chamar a igreja de volta aos princípios do Novo Testamento. Cremos que podemos viver em nossos dias o mesmo mover do Espírito Santo que está mencioado no livro de Atos.

Para isso acontecer, precisamos de um retorno à autoridade da Palavra como única autoridade espiritual em nossas vidas. Temos que abraçar de novo o mantra *Sola Escriptura*, onde tradições eclesiásticas e doutrinas dos homens não têm lugar em nosso meio.

Há pessoas em todo lugar com fome de voltarmos a conhecer a autenticidade da Palavra, sermos verdadeiros discípulos de Jesus, legítimos templos do Espírito Santo, e a vermos o amor ágape, como uma família genuína. E essas pessoas estão sendo impactadas pelo *Movimento dos Discípulos*.

Se esses assuntos tocam seu coração, convidamos você a conhecer o portal que fizemos com um tesouro de recursos espirituais marcantes.

Nesse portal há muitos recursos para ajudá-lo a crescer como um discípulo de Jesus, como a TV Discípulo, com muitos vídeos sobre tópicos importantes para a sua vida.

Além disso, há artigos, blogs, área de notícias, uma central de cursos e de ensino, e a Loja dos Discípulos, onde você poderá adquirir outros livros de grandes autores. Além do mais, você poderá engajar com muitas outras pessoas, que têm fome e sede de verem um grande mover de Deus em nossos dias.

Conheça já o portal do Movimento dos Discípulos!

www.osdiscipulos.org.br